마흔이지만 오늘도 쑥쑥 자랍니다

마흔이지만 오늘도 쑥쑥 자랍니다

발행일   2022년 9월 30일

지은이   구본일
펴낸이   손형국
펴낸곳   (주)북랩
편집인   선일영   편집   정두철, 배진용, 김현아, 장하영, 류휘석
디자인   이현수, 김민하, 김영주, 안유경, 신혜림   제작   박기성, 황동현, 구성우, 권태련
마케팅   김회란, 박진관
출판등록 2004. 12. 1(제2012-000051호)
주소   서울특별시 금천구 가산디지털 1로 168, 우림라이온스밸리 B동 B113~114호, C동 B101호
홈페이지 www.book.co.kr
전화번호 (02)2026-5777   팩스   (02)2026-5747

ISBN   979-11-6836-509-4 03190 (종이책)   979-11-6836-510-0 05190 (전자책)

(주)북랩 성공출판의 파트너

북랩 홈페이지와 패밀리 사이트에서 다양한 출판 솔루션을 만나 보세요!

홈페이지 book.co.kr • **블로그** blog.naver.com/essaybook • **출판문의** book@book.co.kr

구본일 지음

어른아이로 살아가는 불혹의 무한 도전

마흔이지만
오늘도
쑥쑥 자랍니다

북랩

흔들리는 인생도 마혼부터

내가 까까머리 고등학교 시절, 아버지는 마혼이었다. 마혼에 고등학생 자녀가 있는 것이 당시로서도 조금은 빠른 것이었는지 아버지의 친구 자녀들은 나보다 다들 어렸다. 가족끼리 모이면 가장 큰 형이 나였다. 20대 초반에 결혼하고 아이를 낳아 마혼이 되면 아이가 고등학생인 것은 어쩌면 흔할 수도 있는 인생 시간표였다. 고등학생이던 내가 마혼의 아버지를 보면 너무나도 큰 어른이었다. 흔들리지 않는 나무같이 무겁고 딱딱하였고 언제나 그 자리에 있는 절대적인 존재였다. 불합리하고 부조리한 부분도 있는 아버지였지만 감정적으로는 아버지의 방황이나 약함을 느끼지 못하였다. 그런 내가 그때의 아버지 나이보다 더 나이를 먹게 되었다. 그런데 나는 왜 이렇게 흔들리고 무너질까? 내가 생각하고 상상하던 마혼의 모습이 이럴 수는 없었다. 모든 것에 흔들림이 없는 나이라고 생각했던 시기가 되었는데 서른의 나보다도 더 많이 흔들리고 있다. 내 나이의 아버지도 겉보기와는 다르게 그랬을까? 이런 의문에서 이 책은 시작되었다. 내가 어떤 사람이고 마흔이라는 나이는 어떤 시기인지에 대한 탐구가 이 책에 담겨 있다. 사회적으로 무언가를 이룬 사람의 마흔이 아닌, 평범하다 못해 발에 차이는 보통의 마흔에 관한 이야기이다.

한 사람의 마흔 이야기이기도 하고 누구나가 공감할 만한 마흔의 이야기이기도 하다. 마흔을 통과하면서 나의 지난 역사를 되짚어 봐야 했다. 그리고 앞으로 걸어갈 길에 대한 계획도 세워야 했다. "가장 개인적인 것이 가장 창의적인 것이다"라는 거장 마틴 스콜세지 감독의 이야기처럼 내 개인의 이야기로 시작하여 그것이 많은 40대를 거쳐 가고 있는 남자들의 통속적인 이야기가 되길 희망한다. 통속적이지만 공감할 수 있는 이야기가 되길, 그리고 그것이 다음으로 나아갈 수 있는 동력으로 작동하길 바라본다.

책의 초반부는 마흔을 맞이하여 몸과 마음 모두 흔들리는 한 개인의 이야기를 풀어놓았다. 마흔 즈음 맞이한 신체와 감정의 변화를 솔직하고 가감 없이 기록하였다. 그 어두운 터널을 통과할 때는 미처 느낄 새가 없었던 객관적인 모습도 후술하였다.

책의 중반부에서는 흔들림을 겪은 개인의 고군분투에 대한 투쟁기를 적어 보았다. 나이 들었지만 아직도 매일매일 배우고 자라는 중년의 고민을 담았다. 정착해야 할 나이지만 아직 온전히 정착하지 못한 것들에 대한 탐색 과정도 같이 담았다. 스무 살이나 할 법한 고민을 마흔이 되어서도 여전히 하고 있다. 좌충우돌 새로운 가능성들에 부딪혀 본 도전기들과 마흔이 되어 생긴 나의 편협할 수 있는 생각들이 담겨 있다.

책의 후반부에서는 그런 마흔을 통과하면서 건져 올린 몇 가지 생각에 대하여 적었다.

비록 모두에게 모범 답안은 아닐지언정 하나의 문제 풀이로 누군가에겐 참고할 만한 것이 되지는 않을까?

마흔은 흔들릴 수 있다. 어느 정도 무르익었다고 생각했지만 실상은 그렇지 않았다. 이제는 나의 길을 뚜벅뚜벅 걸어갈 수 있으리라 예상했지만 예상은 틀렸다. 넓은 대로를 신나게 달려가기는커녕 머뭇머뭇거리며 옆으로 난 길들과 걸어온 길들을 돌아보며 걷고 있다. 하지만 이제야 진짜 내 인생이 시작됨을 느낀다. 마흔까지는 부모 세대가 물려준 인생길대로, 선배들이 닦아 놓은 길 안에서 걸어왔다. 마흔부터 남은 인생 후반전은 비로소 나의 선택으로 나의 의지대로 걸어가야 할 길인 것이다. 내가 걸으면서 만들어 나가야 할 길도 있을 것이다. 그 길이 내 뒤의 누군가에게 또 새로운 길이 될 수 있을 것이다. 그런 마음으로 이 책을 썼다. 길을 만든다는 생각으로… 남이 만들어 놓은 인생이 아니라 내가 만들어 놓은 인생, 그리고 만들어 나갈 인생길을 만든다는 생각으로….

그 길이 비록 어느 목표 지점으로 가는 고속도로는 아닐 수 있지만 이런 구불구불한 길을 통해 걸어간 사람이 있다는 사실만으로도 누군가에겐 위로가 되었으면 한다.

감사의 말

이 책이 세상으로 나올 수 있도록 매주 채찍질해 주신 황상열 작가에게 먼저 감사드린다. 부족한 책을 쓰는 것으로부터 숨고 싶을 때마다 수렁에서 건져서 책상 앞에 앉을 수 있도록 해 주었다.

또, 영감을 많이 준 많은 브런치 작가들과 블로그 작가들에게도 감사의 인사를 드린다.

육아 휴직을 할 수 있게 허락해 준 회사 관계자분들에게도 심심한 감사의 말씀을 드린다.

힘들 때마다 힘이 되어 준 친구들에게도 감사의 말을 전한다.

주말마다 딸아이의 든든한 친구가 되어 주는 처제들과 장모님에게 감사의 말을 전한다.

잘 살고 있는 동생 가족과 나의 원천인 어머니도 항상 건강하시길 기원하고 감사의 말을 전한다.

무엇보다도 옆에서 묵묵히 무언의 압박(?)을 가해 준 와이프에게 고맙다는 말을 전한다.

영원한 깐부인 딸 나은이에게 무한한 사랑과 감사를 전한다.

2022. 8.

구본일

5장 나만의 멋진 마흔을 위해

1장

벌써 마흔이라니 :

두 번째 맞는 스무 살

❶ 흔들리는 마흔(사십춘기의 도래)

어린 시절 내가 살던 곳은 경기도 남양주시의 조안이란 동네다. 양수리 부근의 상수원 보호구역으로 정약용 생가가 있는 곳으로 유명하다. 부모님이 소를 키우는 목장을 운영하다 보니 우리 집은 외진 곳에 위치했다. 인적이 드물다 보니 가끔 낯선 사람의 방문이 있었다. 그날도 어떤 스님이 지나가는 길에 우리 집에 들렀다. 그분이 우리 부모님과 이야기를 나누었다. 아마도 이 동네에서 살았는지 산세가 좋고 터가 좋은 곳이라고 했다고 한다. 마당에서 놀고 있는 나를 한동안 유심히 보더니 나를 보고 40대가 되면 재벌이 될 상이라고 말했다고 한다.

어머니는 절실한 크리스천이지만 부정 탈 만한 일은 전혀 하지 않는 성격이다. 일례로 사람들이 힘들 때 쓰는 "죽겠다"는 말도 "살겠다"로 바꿔 말할 정도였고, 어린 시절 라면을 먹어도 젓가락으로 면발을 돌려서 집지 않을 정도였다. 라면을 돌려서 집으면 면발이 꼬이는 것처럼 인생이 꼬일 수 있다고 생각하셨기 때문이다. 인생에 조금이라도 부정적인 것이 있다면 조심하고 피했다. 조금이라도 긍정적인 기운이 있다면 자기에게 주문을 걸었던 사람이 어머니다. 스님이 나에게 했던 이 긍정의 말은 어린 시절부터 최근까지도 어머니 입에서 자주 회자되곤 한다.

"본일이는 40대가 되면 재벌이 된단다. 큰돈을 벌고 안정적으로 살 복을 타고났는데."

그 덕분인지 정말 40년 인생을 돌이켜보면 죽을 만큼 힘들었던 시기가 별로 없었던 것 같다. 무난하고 평탄하게 그리고 유복하게 유년 시절과 청년 시절을 보내왔다고 자평한다. 술을 좋아하고 취하면 인사불성이 되는 아버지 탓에 부모님의 다툼이 있던 걸 제외하고 대체로 좋은 인생 전반기를 살아왔다.

하고 싶은 것, 즐기고 싶은 것도 마음껏 하고 살아온 전반기 인생이다. 이랬던 나에게도 피해 갈 수 없는 고난의 시기가 찾아왔는데, 그 이름하여 '사십춘기'였다. 사춘기 때야 내 몸 하나만 간수하면 되는 혈혈단신이고 아직 세상을 잘 모르다 보니 방황의 폭도 깊고 좁았다. 하지만 '사십춘기'는 달랐다.

결혼을 했고 아이도 낳아서 내 몸 하나뿐 아니라 가정을 이루고 가족의 생계를 책임져야 하는 시기에 이 웬 방황이란 말인가?

더욱이 외면적으로 볼 때 나는 남들 부러울 것 없는 번듯한 회사에 다니고, 서울에 있는 자가에 거주하고 있다. 가족 중 누구 하나 아픈 사람 없이 건강한 가족을 이루고 잘 살고 있었는데 말이다.

내가 처음 책을 쓰려고 마음먹고 책 쓰기 강의를 들었던 것이 4년 전이다. 3분의 1 정도까지 쓰다가 완성을 못 한 책이 있는데 그 책의 가제가 '발칙한 직장인, 내 맘대로 살아도 괜찮아'였을 정도다. 그만큼 즐겁게 맘껏 살아온 나였는데 인생의 안정기에 접어드는 이 시기에 갖게 된 이 불안함과 우울함은 무엇일까?

예전보다 분명히 경제적으로도 안정이 되었는데도 자꾸 나를 옥죄는 듯한 알 수 없는 제3의 목소리는 누구의 것일까?

이 시기를 나는 중간 항로라 부르고 싶다. 이 시기에 우리는 삶을 재평가하고, 때로는 무섭지만 언제나 해방감을 주는 한 가지 질문 앞에 설 기회를 갖는다. 지금까지 살아온 모습과 맡아 온 역할들을 빼고 나면 나는 대체 누구인가?

(…)

중간 항로는 1차 성인기라는 확장된 사춘기와 피할 수 없는 노년의 죽음 사이에서 한 인격을 재정의하고 전환할 수 있는 기회이자 통과의례다. 이 길을 의식적으로 여행하는 사람은 삶을 더 의미 있게 구축할 수 있다. 그러지 못한 사람은 겉으로

보이는 삶은 화려할지라도 정신적으로는 여전히 어린 시절의
트라우마에 갇힌 채 살 수밖에 없다.

제임스 홀리스, 『내가 누군지도 모른 채 마흔이 되었다』

내가 그동안 살아온 40년은 어쩌면 주도적으로 만들어 간 40
년이 아닐 수도 있다. 태어나면서 나에게 이미 주어진 환경, 부모,
당시의 문화, 또래 친구들의 영향에 의해 만들어진 길 안에서 작
은 선택들을 해 온 것뿐일지도 모른다. 나름 여러 선택을 하면서
살아왔다고 하지만 이미 정해진 큰 대로 안에서 아주 작은 선택
을 했을 뿐이라는 생각이 들었다.

그럼 이제 남은 시간은 내 의지에 의해 만들어 나가야 하는
'인생 후반전'인 것이다.

여기서 지금까지 걸어온 길을 그대로 이어서 앞으로 나아갈
것인지? 아니면 새로운 항로로 방향을 틀 것인가? 이를 결정해야
할 시기가 온 것이다. 그게 바로 내가 지금 겪고 있는 마흔의 흔
들림 혹은 방황일 것이다.

주변의 친구들, 사회 선배들 중에는 마흔을 전후해서 인생의
항로가 크게 바뀌는 사람들이 있다. 그게 기존 회사를 떠나 창업
을 통해 새로운 길을 떠나는 것일 수도 있고, 새로운 먹거리를 찾
아 제2의 커리어를 시작하기 위한 준비를 하는 것일 수도 있다.

또 마혼에 있어 중요한 이슈인 가족을 이루는 것에도 결론을 내는 사람도 있을 수 있다. 지금의 가족을 잘 유지하고 살아갈 것인지, 상처뿐인 지긋지긋한 결혼 생활을 정리하고 제2의 인생을 고민할 것인지, 만약 아직 미혼이라면 이대로 혼자 늙을 때까지 살아갈 수 있는 여러 가지 안전장치를 마련할 것인지, 마지막으로 결혼 정보 회사에 매달려 볼 것인지 말이다.

그런 선택들을 하기 전에, 먼저 해야 하는 것은 바로 내가 어떤 사람인지에 대한 진지한 고민이라고 생각된다. 내가 어떨 때 마음이 편하고 어떤 사람들 사이에 있을 때 안정감을 느끼는지, 무엇을 잘하고 무엇을 좋아하는지, 어떤 것을 오래 할 때도 꾸준히 해 나갈 수 있는지 말이다.

내가 마혼을 전후해서 치열하게 고민하고 경로를 탐색하고 여기저기 기웃거린 이유에 대하여 어느 정도의 이유를 이제 알게 된 것 같다.

나는 남은 나의 인생 후반전을 어떻게 살아갈 것인가에 대한 고민을 한 것이다. 그것을 위해 나를 탐색하고, 나의 지난 행적들을 돌아보고, 나에게 고민할 시간을 기꺼이 주고 있는 것이다. 내가 혹시 알지 못하는 곳에 나의 흥미와 재능이 있지 않을까 여러 모로 발을 담가 보기도 했다. 그러면서 나는 제2의 사춘기인 사십춘기를 심하게 앓았다.

이 글을 쓰는 지금에서야 객관적으로 한발 뒤로 물러나 나를 돌아보니 이렇게 담담히 적어 나갈 수 있지만 한창 방황하던 때의 나는 가히 세상의 모든 짐과 고민을 홀로 지고 걸어가는 남자였다. 누구나 마흔은 처음이라지만 예상하지 못했던 몸과 마음의 변화에 무척이나 힘들어했다.

❷
빨리 어른이 되고 싶었던
아이는 마흔이 되어서도

나는 또래 중에 가장 먼저 독립을 한 아이였다. 중고등학교 시절부터 독립에 대한 욕망이 강했다. 조용하지만 고집이 있었고 사고를 치는 아이였다. 그중 하나가 바로 고등학교 3학년 시절 집을 나온 것이다.

중고등학교를 다니던 때 집은 학교까지 버스로 네 정거장을 지나는 곳에 위치했다. 대단지 아파트 안에 초등학교, 중학교 및 고등학교가 같이 붙어 있었다. 강북에서 학군 좋기로 유명한 동네였다. 하지만 나는 친구들 중 몇 안 되는, 외곽의 단독 주택에 사는 아이였다. 사춘기 시절은 그런 것이 싫었다. 아파트로 이사 가면 안 되겠냐고 수없이 어머니에게 이야기해서 어머니를 많이 힘들게 했다. 통학하는 시간이 낭비처럼 느껴졌다. 대입 수능 시험을 앞둔 탓에 한시라도 아까운 때였다.

고등학생이 되고 아침 7시에 집을 나가서 학교에서 수업을 들었다. 오후 수업이 끝나면 학원과 학교 앞 독서실에서 새벽 1시까지 공부하고 귀가하였다. 다음 날 등교 준비를 마치고 씻으면 어느새 새벽 2시가 되었다. 내가 잘 수 있는 시간은 고작 4시간 정도였다. 부모님은 내가 하고 싶은 것이 있을 때마다 경제적인 지원을 아끼지 않았다. 내가 알아서 학원이나 독서실을 알아보거나 필요한 학원비나 교재비가 있다고 하면 웬만해선 지원해 주셨다. 어디서 얼마가 필요한지 정확한 세부 내역은 물어보지 않았다.

고등학교 3학년이 되자 자는 시간도 부족한데 버스를 타고 통학하는 시간은 더더욱 아깝게 느껴졌다. 나는 부모님께 학교 앞에서 자취할 필요가 있다고 수시로 어필했다. 지방에서 공부를 위해 서울 하숙집으로 올라와 공부하는 것이 당시 텔레비전 뉴스를 통해 나오기도 했으니 나의 주장이 터무니없는 것은 아니었다. 내 독립 역사는 이때 시작되었다.

당시 막 생겨나기 시작한 고시원이라는 것이 우리 학교 앞에도 생겼다. 바로 학교 앞이다 보니 언제든지 부모님이 찾아올 수 있었다. 절호의 찬스였다. 3월이라 무언가 새롭게 시작하기 좋은 날씨였다. 부모님도 나의 공부에 대한 열의를 잠재울 수 없었다. 나의 고시원 생활은 그렇게 시작되었다.

어머니 차에 교과서와 학원 교재, 간단한 생활 도구를 챙겨서 고시원에 들어갔다. 당시에는 고시원이 지금과는 분위기가 달랐다. 말 그대로 '고시'원으로 학업을 위한 공간이었고 입실생 대부분이 각종 시험 준비생들이었다. 입실한 사람 중 내가 가장 어렸다. 대부분 재수생이나 나이가 좀 있는 장수생들이 많았다.

그러나 나의 첫 독립생활은 불과 두 달 만에 막을 내리게 되었다. 그 막을 내려 준 것은 친구들이었다. 지금도 그렇지만 고등학교 3학년은 몸은 완전한 어른이지만, 현실은 청소년이기 때문에 마음 편하게 뭔가 일탈을 저지를 수 없다. 지금보다 술, 담배 구입이 쉬웠던 시절이다. (지금은 상상할 수 없지만 나도 초등학교 때부터 아버지의 술, 담배 심부름을 무수히도 했다.)

고시원의 내 방은 친구들과 나의 아지트가 되었다. 밖에서는 맘대로 못 하니 숨어서 일탈을 저지르기 좋은 장소가 되었다. 또 친구 중 한 명이 해외에서 온 카드를 가지고 고시원에 자주 왔다. 집에서 쉽게 볼 수 있는 화투가 아니라 빳빳하고 두꺼운 트럼프 카드였다. 우리는 그것이 신기했다. 그 카드로 새로운 서양 카드 게임을 하기도 했다.

그렇게 공부하지 않고 일탈이 이어지던 어느 날, 옆방에서 한 살 많은 재수생 무리가 면학 분위기에 방해가 된다고 나와 친구들을 고시원 원장에게 신고했다. 그 사건으로 나는 한 달 내로 퇴실을 해야 했다. 고등학교 3학년이라 수능 준비에 집중해야 했다. 자꾸 찾아오는 친구들 때문에 공부에 방해가 된다고 생각하던 찰나였다. 내심 고시원 원장의 직권 조치가 반가웠다. 그렇게 짧았던 나의 첫 번째 독립생활이 막을 내렸다.

두 번째 독립은 대학 2학년 시절이다. 서울 시내에 있는 대학으로 진학했지만 집과의 거리가 좀 있었다. 편도로 학교와 집의 거리는 24킬로미터였다. 승용차로 가면 40분 정도면 갈 수 있는 거리다. 지금보다 대중교통이 잘 되어 있지 않던 시기였다. 버스를 3번 갈아타고, 편도 2시간을 가야 도착할 수 있었다. 9시에 시작하는 첫 강의에 늦지 않기 위해서는 7시에 집에서 출발해야 했다.

대학 입학 후 1년간 통학을 하다 보니 심신이 많이 지쳤다. 1학년이 끝날 때 독립의 열망이 극에 달하게 되었다. 부모님을 설득한 끝에 2차 독립생활을 학교 앞 자취방에서 하게 되었다. 고등학교 3학년 시절과는 다른 느낌이 들었다. 나는 20살이 넘은 성인이었다. 자취방에서 문만 열어도 학교 뒷문으로 연결된 술집이 가득하였다. 바야흐로 완벽한 자유 독립의 시대가 열린 것이다.

대학 신입생 시절에는 새로운 신분에 정신이 없는 데다 잘 모르는 탓에 제대로 놀지 못했다. 시행착오 끝에 제대로 놀 수 있는 방법(?)을 터득하게 된 게 2학년이었다. 대학에서 학문을 배워야 하는데 딴짓을 배운 것이다. 후배들을 데리고 자취방에 왔다. 자취방에서 술판을 벌이기도 여러 번이다. 혼자 생활을 시작했던 자취방은 어느새 동아리 동기, 후배들이 득실거렸다. 또 천안에서 올라온 동기의 자취방도 가까이 있어 자취방을 돌아다니며 생활했다. 독립한 자취방에서 또다시 새로운 영토를 찾아 떠나는 대항해 시대의 선장이 된 기분이었다.

대학 시절 본격적으로 시작한 독립생활은 취업 때까지 계속 이어졌다. 대학을 졸업하고 집에서 지하철로 두 정거장 떨어진 회사로 출근을 하게 되었을 때도 부모님 집에 다시 들어갈 수 없을 정도로 나의 독립심은 컸다. 결혼 후 나의 이런 독립생활은 막을 내리게 된다.

결혼 전까지는 일을 끝내고 집으로 돌아가는 길이 즐거웠다. 오랜 시간 사람들에 부대끼다 보면 '집에 가고 싶다.'라는 생각이 강렬히 들었다. 하지만 결혼을 하고 나니 집에서 나 편한 대로 있을 수는 없었다. 내 서재 공간은 아이가 생기고 나서는 처음 계획과는 다르게 창고로 변한 지 오래되었다.

그렇다고 집에 들어가는 것이 싫은 것은 아니다. 사랑하는 가족과 알콩달콩 가정을 이룬 보금자리이기 때문이다. 다만 미혼일 때와는 다르게 집에서도 나의 역할이 생겼다. 그 역할을 감당하려면 마냥 긴장의 끈을 놓을 수는 없다.

이때부터 새로운 독립을 꿈꾸고 있다. 바로 나 혼자만의 공간에 대한 열망이었다.

이렇게 학창 시절부터 빨리 독립하고 싶고 어른이 되고 싶다는 생각이 강했던 나였다. 지금은 오히려 어른이 되는 게 두렵기만 하고 아직도 어른아이 같아서 심정이 불안한 것은 왜 그런 걸까?

지금으로부터 불과 70년 전인 1950년, 한국인의 기대 수명은 60세가 되지 않았다. 그랬던 것이 지금은 83.5세로 20년 이상 늘어났다. 지금과 같은 기대 수명의 증가 추세로 보면 나는 100살 가까이 살지 않을까 기대해 본다. 예전엔 30살만 되어도 직장을 가지고 결혼을 해서 아이를 낳고 어느 정도 사회에서 주축의 나이로 살아왔지만 지금의 30살은 아직도 완벽한 독립을 이루지 못하는 나이가 되었다. 대한민국 평균의 삶을 살아온 나만 하더라도 26살이 되어서야 취업을 하였고 30살이 넘어서 결혼을 하고 32살에 아이를 낳았다.

지금 후배들은 나보다도 더 늦은 나이에 취업을 하고 결혼을 하고 아이를 낳고 있다. 예전보다 사회적으로 기대되는 역할의 나이가 많이 무너지고 있다. 어느 나이가 되면 어느 정도의 것을 해야 되고 성취해야 한다는 사회적인 인식이 많이 없어지고 있다.

개개인의 스타일과 삶의 방향이 다름을 인정하는 사회가 되었다고 생각한다. 그래서 그런지 나와 같이 나이를 먹어서도 그 나이만큼의 삶을 살지 못하는 사람이 늘고 있다. 본인에게 주어진 사회적인 의무나 시선을 불편해하는 사람이 늘고 있는 것이다. 그 중간 지대에 놓여 있는 사람이 나다. 사회적 기대나 인식에서 자유롭게 마냥 내 맘대로 살지 못하고 그렇다고 사회가 정해 놓은 나이의 기댓값에 부응하지도 못하는 그 중간에 아슬아슬하게 발을 걸치고 있는 사람 말이다.

누군들 그러고 싶지 않겠는가?
주어진 기대 역할과 내 맘대로 살고 싶은 마음 그사이 어딘가에서 헤매고 있지 않은 사람이 어디 있을까? 그래서 흔들리는 것이다,

불혹: 나이 40세에 이르러 세상일에 정신을 빼앗겨 갈팡질팡하거나 판단을 흐리는 일이 없게 되었음을 뜻한다.

예전부터 마흔을 불혹이라고 부른 것도 마흔이 되면 흔들리는 것이 당연해서가 아니었을까? 그렇게 흔들리는 것이 예비 신호가 아니었을까 생각해 본다.

❸ 4년마다 떠나는 병

나는 어렸을 때부터 꾸준히 한 가지를 하지 못했다. 무언가를 조금 하다 보면 '좀 더 쉽게 할 수 있는 방법은 없나?' '이 힘든 것을 왜 하고 있지?'라는 생각을 많이 했고 조금이라도 쉬운 길이 있으면 그 길을 기꺼이 선택했다. 좋게 말해 꾀가 많았고 나쁘게 말해서 끈기가 부족했다. 그러한 이면에는 나의 책임지기 싫어하는 이기적인 마음이 자리하고 있다. '가성비'라는 탈을 쓴 쉽게 포기하는 마음도 있다.

어떤 일에 시간과 노력을 들인다면 거기에 합당한 결과물을 이끌어 내야 하는데 결과에 대한 확신 없이는 시간과 노력을 투입하기 불안해하는 마음이 있다. 그래서 '이 과정은 가성비가 좋지 않아.'라는 생각으로 중간에 포기하는 일이 많았다.

빠르게 결과가 나오는 일에 좀 더 시간을 들이고, 오랜 시간 묵혀야 하는 일은 쉽게 달려들지 않았다. 나에게 그 '오랜 시간'이라는 물리적 기간은 4년이다.

나는 사회생활을 하고 4년을 넘기지 못한 것이 대부분이다.

직장 생활이 바로 그러하다. 첫 번째 직장이던 일본 회사는 내가 정말로 좋아서 시작했던 일이었는데 그 역시도 4년을 다 채우지 못하고 그만두었다. 물론 그만둔 것을 후회하지는 않는다. 하지만 진득이 10년, 20년 하나의 직장에서 직업적인 성취를 이루거나 전문가로 불리는 사람을 보면 부러운 감정이 드는 것은 어쩔 수 없다.

1년 차까지는 신나게 일을 배우고 새로운 조직 안에서 적응하는 데 집중해서 에너지를 쏟아붓기 때문에 딴생각을 하지 않는다. 2년 차는 1년 차에 열심히 했던 것의 성취를 이루기 때문에 인정받는다는 만족감과 성취감이 커서 마찬가지로 별로 힘든 것이 느껴지지 않는다. 하지만 3년이 되면 조직 안에서 나의 한계가 조금씩 보인다. 내가 1~2년 동안 한 것에 대한 인정과 성취는 어느 정도 취했고, 제2의 도약을 위해서는 어느 수준까지 씨를 뿌리고 결과가 나오기까지 기다림의 시간이 필요한데 그 제2의 도약을 하는 것이 맞을까 하는 생각이 커진다. 그래서 3년이 지나서 그다음 4년이 되기 전에 다른 생각을 많이 하게 된다. 내가 정말 하고 싶은 일이 이 일이 맞나? (분명 내가 좋아서 선택한 일임에도 불구하고.) 내가 진정으로 원하는 것이 바로 내 앞의 저 사람인지? (여기서 저 사람은 내 앞자리에서 모니터에 코를 박고 있는 생기라곤 없는 나의 직속 상사를 말한다.)

고개를 절레절레 저으면서 나는 도망갈 궁리를 하기 시작한다. 첫 번째 회사를 그만두고 나서 했던 도망갈 궁리는 지금 생각해도 그 나이가 아니면 할 수 없는 그런 것이었다.

'세계 여행'

나는 첫 직장 3년 차 때부터 세계 여행에 대한 구체적인 계획을 세웠다. 학창 시절 답답한 학교 교실 책상에 앉아서 올림픽대로를 빠르게 지나가는 차들을 보면서 무작정 떠나고 싶었다. 여기가 아닌 어딘가로 빠르게⋯. 그때부터 세계 여행은 나에게 있어 언젠가는 이루어야 할 버킷리스트 1순위였다. 직장 생활을 하면서 힘들고 괴로운 순간마다 세계 여행을 하기 위한 돈을 모으는 단계라고 위로하면서 버틴 것도 있다. '이번 달은 아프리카로 날아가는 비행깃값을 벌고 있다.' '오늘은 바르셀로나에서 지낼 숙박비를 벌고 있다.' 이렇게 생각하면 힘든 지금 이 순간에서 어느 정도 벗어날 수 있는 숨통이 트이기도 했다. 직장 생활 3년 차에 구체적인 계획을 세운 것은 내 통장에 목표로 했던 여행 경비가 어느 정도 모이기 시작했기 때문이다.

4,000만 원. 내가 계획했던 1년간 세계 여행을 위해 필요한 모든 경비의 합이었다.

만 4년 가까이 회사를 다니면서 2년 넘게 지방 발령 근무를 하였다. 회사에서 사택을 지원했기 때문에 여행 경비가 모이는 데 처음 계획보다 6개월가량 빨라졌다. 지방에서 연고도 없이 회사

사택에 기거하면서 일만 하다 보니 생각보다 돈이 모이는 속도가 빨랐던 것이다.

그렇게 만 4년의 시간이 지나고 나는 첫 번째 회사를 그만두게 되었다. 그리고는 바로 그 다음 달 아일랜드 더블린행 비행기를 탔다.

처음 계획은 영국이었다. 하지만 영국은 학생 비자를 받는데 은행 잔고 증명 등 필요한 서류들이 좀 더 많았고 그러다 보니 결정적으로 출국까지 시간이 더 필요했다. 나에게 필요한 것은 '바로' 떠나는 것이었다. '퇴사 그리고 바로 출국'이라는 로망이 있었다. 하지만 영국은 2~3달을 더 준비해서 해를 넘기기까지 해야 했다. 그래서 차선책으로 아일랜드로 경로를 변경했다. 아일랜드는 한국에서 왕복 비행기 표와 현지 학교 6개월 이상 등록한 증명서(스쿨레터)만 있으면 바로 비자가 나올 수 있었다. 강남역에 위치한 아일랜드 전문 어학원에서 상담을 하고 저렴한 학비 수준의 현지 학교에 등록을 하였다. 여행을 하다 보면 영어가 꼭 필요하기 때문에 3개월 정도 영어의 감이라도 익히자는 생각으로 학교를 선택했다. 영어를 배우기보단 여행이 주목적이었고 유럽 안에서 편하게 움직일 수 있는 비자만 있으면 되었기 때문이다.

더블린은 한국과 8시간의 시차가 나는 곳이다. 인천에서 오후에 출발했는데 경유지인 암스테르담을 거치고 꼬박 18시간 정도 걸려 더블린에 도착한 시각은 다시 오후경이었다. 겨울 더블린은 한국보다도 월등히 낮의 해가 짧았다. 5시 정도밖에 안 되었는데 밖은 벌써 어두웠다. 아일랜드의 전형적인 겨울 날씨처럼 쌀쌀하고 비까지 흩날리고 있었다. 더블린의 첫인상은 그래서 정말 좋지 않았다. 내가 더블린에 애정을 가지게 된 것은 그로부터 거의 반년이 지난 시점이었는데 바로 더블린의 봄이 시작되었을 무렵이다. 겨울의 혹독한 날씨 덕분인지 8시간의 시차 때문인지 처음 한 달간은 향수병을 심하게 않았다. 나중에 안 사실은 어학연수를 시작하자마자 향수병을 앓는 사람은 별로 없다고 한다. 너무 짧은 시간 안에 마음의 준비도 없이 사회적인 신분, 지리적인 위치까지 갑자기 모든 것이 바뀌어 버려서 그랬던 것 같다. 퇴사 후 바로 훌쩍 떠나고자 했던 그놈의 로망이 문제였던 것이다.

덕분에 나의 탈(脫) 더블린은 더블린에 들어와서 한 달도 되지 않을 때부터 시작되었다. 정식 학생 비자가 나올 때가 크리스마스 직전 주였는데 (유럽은 보통 크리스마스를 가운데 두고 3주 정도 겨울 휴가가 시작된다.) 너무도 춥고 적응도 어려워서 더블린에 도착하고 3주 만에 베를린을 시작으로 유럽 여행을 시작하게 되었다. 6개월가량을 아일랜드의 더블린을 베이스로 삼고 유럽 여러 곳을 옆 나라 가듯이 가볍게 다닐 수 있게 되었다. 미리 예약하면 왕복 10만 원도 안 되는 저가 항공권으로 유럽의 웬만한 도시들을 여행할 수 있었다. 더블린의 어학원에 등록되어 있지만 이때는 영어를 배운다기보다는 여행이 주가 되는 시기였다. 2,000유로를 내고 학교 등록을 하고 1년짜리 학생 비자를 받았는데 학교는 뒷전이었다. 지금 돌이켜 생각해 보면 어학원에 등록하지 않고 바로 여행을 시작했어도 좋았겠다 하는 아쉬움이 남기도 한다. 영어를 배웠던 것은 하나도 남지 않고 여행했던 추억만 남아 있기 때문이다.

반년간의 유럽 여행을 시작으로 나머지 반년은 아프리카, 남미 여행을 하였다. 여행을 마무리하면서 1년간의 시간을 통해 느낀 것은 '삶에 감사한다.'라는 것이다. 살아 숨 쉬고 움직이고 보고 냄새 맡고, 먹고 자고 쉬고 느끼고 사랑한다는 이 모든 살아 있는 감각과 행위가 얼마나 감사한 일인가 생각했다.

여행을 마무리하는 시점에서는 한국으로 돌아가는 게 겁이 났다. 한국에 돌아가면 다시 정신없이 바빠질 것이 뻔했다. 길에서 사람들과 어깨를 부딪히고 무언가를 기다리면서 짜증이 날 것이고 그로 인해 많이 피곤할 것 같았다. 1년간의 여행에서 느꼈던 여유로움이나 삶에의 감사함이 한국에 도착하고 얼마 지나지 않아 사라질 것 같았다. 마치 꿈을 꾼 듯이….

그래도 어쩔 수 없었다. 한국으로 돌아가야 했다.

1년간의 여행을 통해 사람들 사이에서 부대낄 힘을 얻었을 것이다.

여행이 내 맘대로 되지 않았던 것처럼 인생도 내 맘대로 되지 않을 것이다. 하지만 나에게 주어진 인생을 감사하는 마음으로 받아들이고 살아가기로 했다.

4년을 못 버티고 떠나는 나의 방랑벽 때문에 회사에 남아 승승장구하는 동기나 후배들의 소식을 들을 때면 아쉬운 마음이 들기도 한다. (내가 처음 다닌 회사는 우리나라에 2015년에 사업을 시작해 내가 그만두고도 한참 동안을 아주 크게 성장하면서 커 가는 기업이었다. 그 이후 'NO 재팬'캠페인의 타격을 가장 많이 받은 의류 기업이다. 그럼에도 동기나 후배들 중에 몇몇은 임원급으로 성장해 있다.)

하지만 인생은 한 번뿐이고 몸뚱어리 하나 가지고 태어나서 결국 빈손으로 돌아가는 인생에서 1년 정도는 내 맘대로 살아도 괜찮지 않을까? 사람의 인생이 80년이라면 그중에 1년이 어느 정도의 시간일까? 내 식대로 계산해 보자면 80년 인생이 24시간 하루라면 그중 1년은 18분이다. 하루 24시간 중 고작 18분을 내 맘대로 사는 것도 안 될까? 4년마다 그만두는 나는 그런 내 식대로의 계산법으로 마음대로 자기 위안을 해 본다.

❹ 경로를 이탈했습니다

1년간의 여행 이후 한국으로 돌아온 나는 빈 몸, 빈털터리가 되었다. 4년간 모았던 돈은 여행 마지막에 바닥을 드러냈고 당장 할 일도 없었다. 하지만 부모님 집에 들어가기도 싫었다. 잃을 것 없는 인생, 한 치 앞을 알 수 없는 인생이 된 것이다.

거주지를 홍대로 정하고 홍대 앞의 일본 라멘집에서 최저 임금을 받으며 아르바이트를 했다.

홍대에 대한 나의 이미지는 이상한 사람들이 모이는 곳, 예술적인 무드가 살아 있는 거리였다. 그래서 언젠가 한 번쯤은 꼭 살아 보고 싶었다. 지금이 아니면 언제 살아 보겠냐는 생각에 홍대 옆 연희동의 작은 오피스텔로 터를 잡았다.

홍대에서 3개월 정도 아르바이트로 생계를 유지하면서 아무 생각 없이 지내다가 시간당 나의 노동력 투입이 너무 아까운 생각이 들었다. 라멘집에서 일하면서 요리에 대한 노하우를 전수받아

라멘집을 차릴까 하는 생각도 잠시 했지만 요식업의 세계가 생각보다 녹록지 않았다. 그래서 예전 직장에서 친하게 지내던 동료에게 연락을 해서 일자리를 알아봐 달라고 했다. 내가 여행 가기 전에 했던 경력을 인정받아서 다행히 바로 입사를 할 수 있게 되었다. 전에 다니던 일본 회사에 비해 급여 수준은 아쉬웠지만 이것저것 가릴 처지가 아니었다. 결혼을 염두에 두고 만나는 여자 친구도 있었기 때문에 더욱 조바심이 나기도 했다.

그렇게 시작된 나의 두 번째 커리어는 한 번의 이직을 거치면서 또다시 4년이 채워졌다. 그사이 결혼도 하고 아이도 낳아 기르면서 부동산에 대한 관심이 커진 상황이었다. 공부를 하면서 부동산을 통한 투자의 길이 있다는 사실을 알게 되었다. 교대의 부동산 경매 학원을 다니면서 부동산 대학원에 진학을 하였다. 직장 생활만으로는 안정적인 노후를 담보할 수 없다는 것을 알게 되었다. 그리고 내 집 마련을 위해서 월급만 모아서는 어림도 없다는 사실도 알게 되었다. 그렇게 주경야독의 시절을 1년 반가량 하게 된다.

낮에는 회사에 나가 일하고 월급을 벌고 저녁에는 부동산 대학원과 투자 학원 등을 다니면서 부동산에 대한 지식과 정보를 쌓아 가기 시작했다. 그러다가 어느 순간 질러야겠다는 투지가 타올랐다. 같이 공부를 시작한 사람들이 하나둘씩 부동산을 사

모으는 것을 보니 더 조바심이 났다. 하지만 모아 놓은 종잣돈도 없는 상황에서 내가 할 수 있는 것은 깔고 앉아서 살고 있는 전세 보증금을 활용하는 수밖에 없었다. 부모님이 결혼 때 도와주신 전세 보증금과 4년간 일하면서 모은 (결국 그 돈도 전세 보증금으로 들어가 있었다) 돈을 모두 깨서 그 돈으로 부동산 투자를 하자고 마음 먹었다. 다행히 와이프도 그 상황에 대하여 나를 믿고 힘을 실어 주었다. 우리는 살고 있던 서울 아파트의 전세 보증금 4억을 빼서 남양주시 후미진 동네의 작은 빌라로 이사를 감행했다. 전에 살던 집의 절반도 안 되는 작은 집이었고 서울의 아파트에서 남양주시 빌라로의 이사였기 때문에 이삿짐을 날라 주던 분들이 망해서 이사 가는 가보다 오해했을 정도였다. 그렇게 확보한 전세 보증금을 종잣돈 삼아서 반년 동안 열심히 부동산을 사 모았다. 경매로도 낙찰받고, 급매로 나온 아파트를 사기도 했다. 종목도 아파트뿐 아니라 오피스텔과 상가도 같이 매수했다. 돈이 될 것이 보이는 물건을 열심히 숫자를 늘려 가면서 매수하였다. 이때 숫자 늘리기, 적은 투자금에 급급해하다 보니 나중에서야 그때의 매수 전략이 얼마나 위험한 것이었는지 알게 되었다.

몇 년의 시간이 흘러 그때 매수했던 골치 아픈 부동산들을 매도하면서 고생한 것을 생각하면 아찔한 기분이 든다. 좀 더 공부하고 신중하게 매수했더라면 지금보다는 좀 더 나은 가정 경제를 이루지 않았을까 하는 아쉬움이 가장 크다.

그래도 그때 그렇게라도 저질러 놓지 않았으면 지금보다도 더 어려운 상황이 될 수도 있었겠다 위안 삼아 본다.

부동산 투자를 하면서 단기간에 부를 축적했다고 오해하자, 직장에서 벌어들이는 월급이 너무 적어 보이기 시작했다.

그래서 나의 두 번째 경로 이탈이 시작된다. 직장을 그만두고 전업 투자자로 나서게 되었다. 직장에 다니면서 시간을 쪼개서 공부하고 투자하면서 얻는 소득보다 전업으로 시간을 쏟으면 훨씬 더 빠르게, 더 큰 부자가 될 수 있겠다는 생각이었지만 그 생각이 틀렸다는 것은 반년 만에 알게 되었다.

바로 투자금이라는 것이 고갈되는 시점이 온 것이다. 투자금이 없으니 부동산 공부를 해도 바로 투자를 할 수도 없고 그러다 보니 공부도 잘 되지 않았다. 결국 어딘가 꾸준히 나갈 수 있는 일터가 필요하다고 생각하게 되었다.

부동산 대학원을 다니면서 알게 된 동기들 중에 부동산 쪽에서 일하는 사람들이 많았는데 그중에 신림동에서 부동산 중개업을 하는 동생이 중개업을 추천하였다.

나는 대학생 때 따 놓았던 공인중개사 자격증이 있었기 때문에 중개업 개업은 어렵지 않은 상황이었다. 장점인지 단점인지 알 수 없는 쉽게 달려드는 나의 성격 덕분에 예전 살던 신혼집 인근의 부동산 중개사무소를 바로 인수하게 되었다. 강동구 작은 동네의 주택지 안에 들어가 있는 물건지 부동산이었다. (부동산은 사무실의 위치에 따라 쉽게 물건지/손님지 부동산으로 구별한다. 지하철역 인근에 부동산을 알아보러 오는 사람들이 들르기 좋은 부동산을 보통 손님지 부동산이라고 부르고 아파트 단지 안이나 주택 단지 입구에 있는 부동산 물건들의 입구에 있는 부동산을 물건지 부동산이라고 부른다.)

주택 단지 초입에 위치해 있었고 모퉁이가 노출되는 사무실인데다가 권리금도 저렴해서 빠른 결정으로 인수를 했다. 사무실을 인수해서 공인중개사 실무 경험 없이 자격증 하나 있는 상태에서 부동산 중개라는 것을 그래도 반년 정도는 어느 정도 잘했다고 자평한다.

하지만 부동산 중개업도 동네 건물주들과의 관계를 잘 유지하고 오랜 기간 그곳에서 신뢰를 쌓아야지만 거래를 누적해서 쌓아 갈 수 있다. 특히 나 같은 물건지 부동산은 더욱 그러하다. 한자리에서 20년 이상 부동산을 해 오고 있는 동네 부동산 사이에서 이제 막 진입한 나는 한계가 있었다. 또 아파트와는 다르게 다세대, 다가구 거래가 주였기 때문에 한 달간 열심히 중개를 하고 계약을 해도 전에 다니던 직장의 월급을 가져가기가 어려웠다. 일이 잘되는 달은 전 직장의 월급 정도였고 안 되는 달은 그 반도 채 못 버는 때도 있었다. 처음 시작할 때는 사무실을 지켜 주고 전화를 받아 주던 실장을 두고 운영을 하다가 나중에는 이 실장도 그만둘 수밖에 없을 정도로 일이 없는 비수기가 시작되었다. (부동산 중개업은 일 년 중 6개월 정도인 이사 철에 가장 거래가 많고 겨울철, 한여름이 되면 거래가 한산해지는 비수기가 된다.)

한 가정의 가계를 책임져야 하는 가장으로서 이렇게만 있을 수는 없었다. 아이는 커 가면서 사교육비도 들어가기 시작해서 좀 더 안정적으로 돈을 벌어야 했다. 이런 생각을 하게 된 때가 전 직장을 그만둔 지 1년 반이 되는 시점이었다. 1년 반 동안 열심히 부동산 공부를 해서 더 낙후된 지역으로의 이사를 감행해서 생긴 종잣돈으로 투자도 열심히 하고 어느 정도 씨앗을 뿌려 놓았다고 생각했다. 그리고 1년간 부동산 중개업을 경험해 보고 사업이라는 것이 어떤 것인지 감을 익힌 시간이었다고 스스로 위안하는 시점이었다. 그때 퇴사했던 전 직장의 인사팀장님과 연락이 닿아 재입사를 타진해 보게 되었다.

사업을 하다 보니 매달 따박따박 들어오는 월급의 소중함을 절절히 느끼게 되었다. 다시 돌아갈 거라고 생각하지 않았는데 다시 전의 직장으로 돌아가게 되었다. 감사하게도 전 직장에서는 따뜻하게 나를 맞아 주었다. 1년 반의 공백이 있었지만 나이도 있었고 경력도 있었기 때문에 퇴사할 때보다도 좀 더 책임감 있는 역할이 주어졌다. 하지만 급여는 퇴사할 때보다도 많이 삭감된 상태로 계약을 하게 되었다. 재입사한 것에 감사하며 이것저것 재지 않기로 했다.

퇴사할 때의 부푼 꿈(부동산 전업 투자자로 성공하여 건물주가 되는 꿈)은 그렇게 남겨 두고 현실에 타협하면서 다시 월급쟁이로서의 생활을 시작하게 되었다.

하지만 개인 사업을 할 때의 불안정함이 너무 힘들었는지 안정적인 월급쟁이의 생활이 너무도 즐거웠다. 특히 새롭게 주어진 역할이 지역 영업 관리 및 인사 관리 파트였는데 캐리어를 꾸려 지방을 돌면서 여행하는 기분으로 일하는 것도 즐거웠다. 좀 더 시간이 흘러 인사팀으로 소속이 변경되어 대학생 때 전공으로 했던 인사 관리 파트 일을 하게 되어 더욱 재미를 가지고 일할 수 있었다. 그러한 만족과 즐거움의 시간도 유효 기간이 있었으니, 바로 재입사하고 4년이 되어 가는 시기가 도래한 것이다.

그렇다. 글을 쓰고 있는 지금 이 시점에 나는 회사를 다니고 있지 않다.

하지만 이번에는 퇴사가 아닌 휴직이다. 예전에 호기롭게 회사를 그만둘 때보다 나이를 먹었고 예전처럼 일을 무작정 벌리기엔 두려움이 생기는 나이가 된 것이다. 딸아이가 초등학교 3학년이 되기 전인 작년 말에 육아 휴직의 막차를 탑승하였다. 그리고 1년간의 시간을 돈을 주고 샀다. (1년간의 월급과 시간을 맞바꿨다.)

⑤ 마흔에 찾아온 마음의 병 1

마흔에는 서른이 될 때와는 완전히 다른 수준의 통과 의례를 겪었다. 서른의 몸은 에너지가 넘치고 무리를 하더라도 금세 회복되는 탄력성이 있었다. 하지만 마흔은 달랐다. 자연 치유의 나이를 지나온 것처럼 가만히 쉬어도 쉽게 몸이 회복되지 않았다. 몸만 그런 것이 아니었다. 마음 또한 그러했다. 마음에 불편한 감정이 들었다가 그 감정이 사라진 줄 알았지만 그때를 떠올려 열어 보면 당시에 느꼈던 불편함이 여전히 그대로 있었다. 오히려 숙성되어 당시에 하지 못했던 말이나 대응이 못내 사무쳤다. 시간이 지나서 당시에 풀지 못하던 감정의 응어리와 나에 대한 실망감까지 더해진 것이다. 그렇게 사십춘기를 겪고 있었다.

사십춘기에 가장 먼저 온 손님은 '불면증'과 '우울증'이다. 마흔을 얼마 남겨 놓지 않은 서른아홉의 어느 가을이었다. 회사에서 친하게 지내던 직장 동료가 다른 회사로 이직을 하였다. 이 동료는 전 직장에서 현재의 직장으로 같이 이직을 해 온 인물로, 내가 회사 생활을 하는 데 큰 도움을 준 인물이다. 동료가 이직하고 회사의 조직이 개편되면서 새로운 팀장이 선임되었다. 그러면서 남아 있던 기존 동료들과의 관계에 조금씩 균열이 가는 것이 느껴졌다. 이때부터 불면증 증세가 시작되었다. 처음에는 누워서 2~3시간을 멀뚱멀뚱 있다가 잠에 간신히 들었다. 자려고 애쓸수록 더 잠이 달아났다. 불면을 의식하는 순간 의식은 또렷해진다. 점점 심해져서는 결국 밤새 한숨도 못 자는 날도 있었다.

그러면 회사에 출근을 해서도 일을 제대로 하지 못했다. 종일 비몽사몽 하고 있다가 퇴근을 하는 오후쯤 되면 극도의 피로함이 몰려왔다.

퇴근하는 지하철 안에서 서서도 졸 정도였다. 서 있다가 무릎이 꺾이고 휘청하다가 넘어질 뻔한 적도 여러 번 있었다. 그렇게 퇴근하고 집으로 돌아오면 내가 해야 할 가사를 제대로 해낼 수가 없었다. 나와 와이프는 가사를 분담하여 하는데 당시 나의 TODO는 주방 일과 쓰레기 처리였다. 그러면서 와이프와의 관계에 있어서도 불편한 부분이 생기기 시작했다.

직장 생활에 힘들어하는 내 모습을 하루 이틀은 애처롭게 봐주던 와이프였다. 그 시간이 길어지니 힘들어하는 나 때문에 와이프도 혼자 육아와 가사에 지쳐 가기 시작했다. 엎친 데 덮친 격으로 아이는 미운 여섯 살이 되어 자기주장을 한창 내세우고 있었다.

결정적으로 증세가 나타난 날이 있었다. 그날도 차를 타고 가족과 외출을 다녀오는 길이었다. 와이프와 차 안에서 살짝 다투었는데 갑자기 너무 답답하고 숨이 막히는 증상이 나타났다. 그날은 잠깐 차를 멈추고 심호흡을 하면서 그 순간을 잘 넘겼다.

며칠이 지나서 제주 출장길에 오르는 길이었다. 비행기 안에서 이륙을 기다리고 있었다. 제주도로 가는 비행기는 그날도 만석이었고 한창 여름이라 가족 단위의 여행객이 많았다.

내 앞 좌석에 아이를 포함한 가족이 앉아 있었는데 아이가 칭얼대더니 어느 순간 걷잡을 수 없는 소리로 울기 시작하는 것이었다. 비행기는 이륙 대기 중인 상황이었는데 엄청난 아이 울음소리와 비행기 안의 묵직한 분위기에 압도되는 느낌이 들었다.

그 순간, 며칠 전 차에서 느꼈던 숨이 안 쉬어지고 죽을 것 같은 느낌이 다시 들었다. 오히려 차에서보다 더 심한 극도의 두려움이 내 존재 전체를 짓눌렀다. 지금 이 비행기 안에서 내리지 않으면 하늘 위에서 죽을 거라는 확신이 들었다. 아직 비행기가 이륙하지 않았으니 지금 여기서 내리자는 생각뿐이었다.

'안전벨트를 풀고 지금이라도 내려야 한다.' 하지만 그 순간 비행기가 이륙을 위해 속도를 내기 시작했다. 다행인 건 어느 순간 내 앞자리의 아이가 울음을 멈추었고 기내가 조용해졌다는 것이다. 그리고는 어떻게 제주 공항에 내렸는지 기억이 나지 않는다.

한 시간의 고난을 몸 전체로 느끼고 제주에서의 업무를 간신히 마쳤다.

검색을 통해 나의 증상이 말로만 듣던 공황장애의 일종이라는 것을 알게 되었다. 나 혼자 이 시기를 헤쳐 나갈 용기도, 힘도 남아 있지 않았다. 불면의 시간도 고통스럽고 그 시간 이후의 몸의 컨디션도 견디기 힘들었다. 또, 갑작스레 찾아오는 숨 막힘과 공포감이 나를 짓눌렀다.

갑작스러운 출장길에서의 공황 장애 증상 이후 출근하는 것이 두려워졌다. 업무 특성상 지방으로의 출장이 잦은데 출장에 대한 트라우마가 심하게 생겼다. 어쩔 수 없이 회사에 사정을 말씀드리고 3주간 휴직했다. 그리고 다른 동료로 제주 지역의 담당자를 변경을 요청했다. 다행히 회사에서도 나의 사정을 잘 이해해 주고 3주간의 휴직을 허가해 주었다.

회사에서의 일도, 가정 안에서도, 내 정신과 체력 모두 바닥을 기어가고 있었다. 대학 시절 보았던 영화 〈트랜스포팅〉에 나온, 마약 중독으로 인해 환각에 빠지는 주인공들의 모습처럼 내가 누워 있는 방 안에서 내 침대만 바닥으로 쑤욱 꺼지는 기분이 들 때가 많았다. 그렇게 내 눈에 보이는 것은 침대 위 작은 네모뿐이었다. 그렇게 내 침대만 한 천장만 보이는 날들이 이어졌다.

검색해서 알게 된 것은 이럴수록 전문가의 도움이 필요하다는 것이다. 바로 정신과 전문의를 찾아 보았다. 그 다음 날, 회사 근처의 정신과를 예약했다. 내가 살면서 정신과 진료를 받는 날이 오다니, 드라마나 영화에서만 보고 내 주변에서도 정신과 진료를 받는 사람이 있단 얘기를 들어 보지 못했는데… 나 이렇게 정신 병자가 되는 걸까?

❻
마흔에 찾아온 마음의 병 2

　처음 방문한 정신과는 우리 회사의 지하철역 입구 반대 방향에 위치하고 있었다. 혹시라도 회사 사람들이 내가 그 병원에 들어가는 것을 보기라도 할까 봐 일부러 회사와는 거리가 좀 있고 지하철 출구 방향도 반대인 곳으로 예약한 것이다.

　점심시간에 맞추어 상담 예약을 했더니 나와 비슷해 보이는 직장인들이 많이 보였다. 하지만 자세히 들여다보면 얼굴들이 모두 어두웠고 모두 혼자였다. 환자 대기실에서 느낀 첫인상은 영화 〈겟아웃〉의 장면과 비슷했다. 백인들만 가득한 파티에 초대받은 흑인 남자 주인공에 대한 백인들의 시선과 비슷했다. 모두 스마트폰을 들여다보고 있었지만 실상은 이름이 호명되어 진찰실로 들어가는 사람을 일제히, 그러나 티 나지 않게 살피고 있었다.

　'어떤 사람이 이런 정신과 진료를 받지? 내가 혹시 저런 모습이지 않을까? 겉으로 보기에 이상해 보이나?' 하는 생각으로 서로가 서로를 살피고 있었다.

예약자 이름을 말하고 진료를 기다리고 있는데 앳돼 보이는 간호사가 나를 다시 호명하였다.

"건강보험 적용하실 건가요?"

"(잠시 머뭇거리다가) 아… 네."

"(사무적으로) 그러면 진료 기록 남습니다. 괜찮으세요?"

"예? (잠시 당황했지만 와이프에게 이야기하고 왔기 때문에) 네, 괜찮아요."

예전에는 정신과 치료를 받았다는 것이 흠이 될 수도 있기 때문에 주변에 숨기고 건강보험 적용도 받지 않았던 때가 있다고 들었는데 아직도 그런 경우가 있나 보다. 다른 환자들 중에서는 진료 기록이 어떻게 남는지, 회사에서도 알게 되는지 자세히 물어보는 사람도 있었다. 역시 아직은 보수적인 한국이구나 생각했다.

병원 대기실에서 호명 후 들어간 진료실은 일반적인 진료실과는 묘하게 분위기가 달랐다. 응당 의사 선생님의 목에 있어야 하는 청진기가 없었고 환자용 의자가 다른 병원의 진료실보다 월등히 좋았다. 등받이와 팔걸이까지 쿠션감이 좋은, 한눈에 보아도 비싸 보이는 의자였다. 또 내 손에 닿을 수 있는 곳에 티슈가 놓여 있었다. 내 앞에 진료받은 환자가 눈이 벌게서 나가는 게 보였는데 바로 이런 상황을 대비해서 비치된 것이구나 어림짐작할 수 있었다.

의사 선생님은 내 또래로 보이는 남자였다. 지방의 유명한 국립 대학병원에서 왔는지 말투에선 부드러운 사투리가 듣기 좋았다. 인상에서부터 온화함이 느껴졌다. 어떤 이야기든 털어놓을 수 있는 적당한 분위기가 흘렀다.

점심시간에 방문했기 때문에 전화로 진료 시간을 물어보았는데 처음 방문 시 30분 정도가 걸린다고 했다. 그래서 나는 30분간 내가 할 수 있는 이야기를 시간에 맞게 이야기했다. 생각보다 내가 준비한 이야기는 금방 끝났고 의사 선생님은 심층적인 질문을 하기 시작했다. 나의 증상으로 봐서 불면증이 있고 그로 인한 우울증과 불안장애 초기 증상으로 보인다고 했다. 내가 전에 불면증 약이나 우울증 약을 처방받은 이력이 있는지 여러 가지로 물어보았다. 나에게 위험인자가 있는지 추가적인 질문을 받아야 했다. 일주일 치의 불면증 약과 항우울증제를 처방받았다. 일주일 이후에 다시 와야 한다는 부담감이 있어서 좀 더 길게 약을 처방해 줄 수 있는지 물어봤는데 일주일 치밖에 처방이 안 된다는 단호한 답변이 돌아왔다.

나중에 안 것은 수면제는 생물학적 작용을 통해 수면을 유도하다 보니 과다복용 시 심각한 부작용이 발생할 수 있다고 한다. 그래서 처음 온 환자에게는 최대 일주일 치의 약밖에 처방이 안 된다고 한다. 수면제를 모아서 한 번에 복용하면 죽음에 이를 수도 있기 때문에 소량씩만 처방하는 것이었다.

정신과 치료 시 처방받는 수면제와 항우울제는 약국에서 처방전으로 받는 것이 아닌 정신과 병원에서 바로 조제를 해 주는 시스템이었다. 아마도 위와 같은 이유로 좀 더 높은 기준으로 처방 및 관리하고 있는 것으로 느껴졌다.

일주일 간격의 병원 방문은 두 달 이상 계속되었다. 즉, 난 매주 회사에서 멀리 떨어진 정신과를 방문해야 했고 그때마다 내가 어떤 상황인지, 또 불면증이나 우울증에 대한 나의 상황을 의사 선생님에게 이야기해야 했다.

수면제를 처음 먹어 본 날, 신세계를 경험했다. 거짓말처럼 약을 먹고 10분에서 15분이 지나자 졸음이 쏟아졌다. 어떤 날은 약을 먹고 텔레비전를 보면서 소파에 누워 있었는데 강렬한 수면 효과가 생겨서 침대로 가는 도중 몸에 힘이 풀려 넘어지기도 했다.

다행히도 수면제 한 알이 주는 효과는 드라마틱했다. 약을 먹고 즉각적으로 반응하여 새벽에도 깨지 않고 아침까지 개운하게 잘 수 있었다. 진작에 정신과를 방문하지 않은 것을 후회할 정도로 만족스러웠다.

하지만 그에 반해 우울증은 바로 효과가 나타나지 않았다. 의사 선생님도 항우울제는 최소 6개월 이상은 꾸준히 복용해야 한다고 했다. 혈중에 항우울제의 농도가 어느 정도 투여되고 장기적으로 복용해야 조금씩 기분이 달라지는 게 느껴질 거라고 했다. 나 역시도 복용하고 2개월까지는 별다른 변화가 없었다. 2개월이 지나자 조금씩 활기가 도는 게 느껴졌다.

회사 업무를 하면서 긴장도가 올라가고 스트레스를 받는 상황이 조금씩 사라져 갔다. 약간 노곤한 느낌이 들긴 했지만 기분 나쁜 느낌은 아니었다. 모든 일에 조금은 달관하는 느낌이 들었고 그렇기 때문에 스트레스를 덜 받았다.

오후가 되면 우울해지는 마음, 가슴이 철렁 떨어지는 느낌도 점차 없어졌다. 퇴근 후 집에 와서도 가사를 도울 수 있는 정도가 되니 부부 관계도 예전처럼 돌아왔다. 딸아이와 놀아 주고, 숙제를 봐 줄 수 있는 수준이 되는 데는 3개월이 걸렸다.

수면장애부터 우울증, 불안장애까지 3개월이 지나자 점차 괜찮아졌다. 그때부터 나는 회사와 친구들 사이에게 정신과 치료 및 상담에 관해서는 찬양자가 되었다. 내 또래 친구들, 옆자리의 회사 동료들이 조금이라도 어두운 얼굴이 보이면 무조건 정신과 진료를 받아 보라고 적극 권유했다.

우울증은 마음의 감기이다. 힘들게 참고 지낼 것도 아니고 현대 사회에서는 흠이 되는 것도 아니라고 살아 있는 증인이 바로 나라고 주변에 떠들고 다녔다. 병은 소문을 내라는 옛말을 지켰던 것이다. 내가 이런 정신 상담의 전도사가 되고 나니 예상치 않게 우울증 고백하는 사람이 하나둘씩 나타났다. 예전 회사의 직장 동료는 우울증이 와서 우울증 약을 꾸준히 먹고 치료해서 업무 성과도 좋아지고 이직까지 성공했다고 한다.

친구인 C에게는 나와 비슷한 시기에 비슷한 증상으로 우울증 약을 먹고 있다는 고해성사를 듣기도 했다. 우리는 서로 침을 튀기면서 정신과 치료의 순기능에 대하여 신나게 떠들었다.

당시에 이런 정신과 진료 및 심리 상담에 대하여 많은 글과 영상을 찾아보다가 유명 뷰티 블로거인 한국계 미국인 젠 임(Jenn Im)의 동영상을 보면서 깊이 감명을 받았다.

젠은 한국보다 미국에서 유명한 인물로, 싸이가 미국에서 유명해지기 전 미국인들이 한국인 하면 가장 먼저 떠올리는 사람이기도 했다. 지금은 유튜브 구독자 300만 명이 넘는 파워 인플루언서가 되어서 본인의 패션 브랜드를 런칭해서 운영하고 있다.

영상의 내용은 한국계 미국인으로 성장하고 학창 시절을 보내면서 겪은 수많은 인종차별과 따돌림, 괴롭힘을 심리 상담을 통해 극복할 수 있었다는 내용이다. 영상에서 그녀는 '묻지도 따지지도 않고 자신에게 늘 투자하는 3가지' 중에 한 가지를 심리 상담(Therapy)으로 꼽고 강조했다. (궁금해할 분들을 위해 나머지 두 가지를 언급하자면, '운동'과 '영혼에 충만한 것을 흡수하기'였다.)

나 또한 그 후 1년 정도 정신과 진료와 항우울제 복용을 통해 우울증과 불면증을 이겨 낼 수 있었고 그 이후로도 정신 상담을 꾸준히 받기 위해 노력하고 있다. 그리고 지금은 정신과 치료나 상담을 받는 것을 터부시하는 주변인들에게 심리 상담을 권유하는 예찬론자로 살고 있다.

한국은 여전히 심리 상담에 대한 부정적인 시선이 있다. 그래서 주변을 보면 심리 상담을 받는 것보다 사주를 보거나 타로카드를 보는 것으로 대체하는 사람들을 많이 볼 수 있다. 이것 또한 나쁜 것은 아니라고 생각한다.

본인에게 주어진 환경과 상황에 대하여 안심이 되는 제3자에게 이야기하고 본인이 느끼는 감정을 표현하는 것만으로도 치료가 되는 부분이 있기 때문이다. 일과 관계에서 오는 긴장과 스트레스를 건강하게 표출하는 방법 중 심리 상담만 한 것이 없다고 생각한다. 좀 더 전문적인 상담과 치료가 필요한 사람에게는 전문적인 의사나 상담가를 만나 보기를 적극 권하고 있다.

❼
마흔에 얻은 몸의 병

나는 평소에 운동을 하지 않고 살았다. 성공한 사람들에 대한 책이나 영상을 보면 하나같이 건강의 중요성을 말하고 있다. 건강의 필수 요소 3가지가 꾸준한 운동, 건강한 식습관, 마음 관리라는 것은 알고 있었다. 그중에서 가장 쉽게 접근할 수 있는 운동을 위해 동네 헬스장을 알아보았다.

처음엔 헬스장을 1년 회원권으로 등록했다. 3개월 회원권과 12개월 회원권의 가격 차가 별로 나지 않아서였다. 등록하고 일주일 정도 다녔다. 재미도 없고 몸의 변화도 그닥 보이지 않아서 한동안 헬스장을 다니지 않았다. 2~3개월 이후 다시 하루이틀 나가고 며칠 바쁜 일이 있어서 못 가다 보니 한동안 다시 헬스장을 가는 걸 잊어버렸다. 1년을 등록했지만 실제로 나간 날은 손으로 꼽을 수 있을 정도였다. 그만큼 헬스장에선 VIP(?) 고객이었다. 그때부터는 1년 단위로 등록하진 않지만 3~6개월 단위로 등록해서 헬스장을 다니다가 위와 같은 패턴으로 몇 번 다니지 못하고 그만둔 적이 여러 번 있었다.

　꾸준한 운동에 있어서 습관 형성이 잘 되지 않았다. 일단 운동에 재미를 붙이기가 어려웠다. 그러던 나에게 운동이라는 것의 필요성을 넘어 삶의 필수적 요소임을 알게 해 준 사건이 발생한다.

　바로 아버지의 죽음이었다. 아버지는 8남매의 막내아들로 태어났다. 그 당시에 많이들 그러했던 것처럼 어렸을 때부터 가난하고 힘들게 자란 분이다. 막내아들로 크다 보니 어린 시절 부모님을 여의고 제대로 된 교육도 잘 받지 못하고 바로 생활 전선에 뛰어든 전형적인 자수성가형 인물이다. 아버지는 지식은 많지 않았으나 수완이 좋았고 거친 부분이 있어서 문제해결에 탁월한 분이셨다. 그래서 내가 어린 시절에 '엔터프라이즈'라는 당시로서는 고급 세단을 타고 다니고 정치계에 높은 사람들도 만나고 하셨다. 그래서 어린 시절 나에게 아버지는 대단히 큰 존재였다. 하지만 그랬던 아버지가 60세에 돌아가셨다. 지금으로부터 5년 전이다. 지금 시대에 60세는 한창 건강하고 사회생활도 왕성하게 하고 그야말로 청년이라는 말로도 표현할 수 있는 나이이다. 60세가 넘어서도 빛나는 절정을 맛보는 사람들을 주변에서도 쉽게 접할 수 있다.

아버지는 평소 등산을 꾸준히 해서 건강 하나는 자신 있어 하던 분이셨다. 20살 이상 젊은 나와 비교해도 더 활기가 있어 보이셨다. 하지만 술, 담배를 좋아하셔서 병원에서 잔소리를 받는 환자였다. 아버지가 돌아가신 사건은 그래서 나에게 더욱 큰 충격으로 다가왔다.

너무 갑자기 돌아가셔서 가족들은 의료 사고를 의심할 정도였다.

무더운 여름의 끝자락이었다. 경기도 양평에서 농사를 짓던 아버지는 한여름을 보내면서 많이 힘들어하셨다. 뜨거운 볕 아래서 고된 농사일을 하셔서 여름이 지나면 한동안 기력이 딸린다고 하셨던 기억이 있었다. 그 해는 유난히도 더운 여름이었다. 농사일 후 점심에 반주를 하면서 과음하셨던 탓인지 며칠간 배가 아프다고 하셨다. 그날은 공휴일이어서 동네 병원에는 못 가시고 혼자 서울의 병원을 다녀오신다고 했다. 그리고 병원 응급실에 누워 계신 아버지를 저녁에 찾아뵈었다. 그날따라 아버지의 흰머리가 많이 보였다. 유난히 살이 많이 빠지신 것 같다고도 생각했다. 병원에서는 검사상 염증 수치가 높아 보인다며 긴급하게 수술을 해야 할 것 같다고 했다. 보호자로서 수술에 필요한 사인을 하였다. 그때까지도 난 아버지의 죽음 비슷한 것도 예상할 수 없었다. 너무도 젊은 나이였고 건강한 분이셨기 때문이다. 배가 아파서 혼자 병원에 오신 것이었기 때문에 무사히 수술을 받고 빨리 퇴원하시겠지 생각했다. 그런 생각들을 하면서 어머니와 수술 환자 대기실에서 텔레비전을 보며 기다리고 있었다.

아주 큰 병원은 아니었기 때문에 환자 대기실에도 사람은 거의 없었다. 재미도 없는 예능 프로를 보면서 시간을 보내고 있었다. 예상했던 수술 시간보다 한참이 지나서 수술을 담당했던 의사가 어두운 얼굴로 환자 보호자를 찾았다. 그때도 우린 별생각 없이 수술이 잘 끝났나 보다 하고 일어나 담당의 앞으로 갔다. 하지만 담당 의사의 입에서 나온 말은 뜻밖이었다. "수술 결과, 급성 패혈증으로 상태가 좋지 않으십니다. 돌아가실 수도 있습니다."

청천벽력 같은 소리였다. 어제 배가 아프시다고 혼자 병원에 두 발로 걸어오셔서 오늘 수술을 받았는데 갑자기 돌아가실 수 있다니…. 말도 안 된다고 생각했다. 내가 듣고 있는 게 잘못된 것 같았고 거짓말처럼 느껴졌다. 수술을 끝내고 중환자실로 이동한 아버지의 누워 있는 모습을 보는데 거짓말이 아닌 것이 느껴졌다. 수술에 들어가기 전보다 몸이 배는 부어 있으셨고 각종 호스와 주삿바늘을 몸 이곳저곳에 끼고 계셨다. 그리고는 그날 밤 아버지는 돌아가셨다. 단 이틀 만이었다. 아버지의 8형제 중 큰아버지만 돌아가시고 나머지 6명의 형제자매는 모두 건강하게 살아 계시는데 가장 막내인 아버지가 돌아가신 것이다. 아버지의 형제자매들도 아버지의 부고 소식에 믿을 수 없다는 얼굴이셨다. 아버지의 바로 위 큰아버지는 화를 내시면서 그 상황을 부정하고 계셨다. 가족 모두가 인생의 허망함을 느끼고 있었다.

당시의 나로 말할 것 같으면 실성한 사람의 표본이 아니었을까 한다. 장례식을 치르는 동안 울다가 웃다가를 반복했다. 감정이 주체가 되지 않았다. 아버지의 죽음 앞에서도 상주로서 장례식장에 오신 손님을 하나하나 응대하였다. 아버지와 일면식이 없는 문상객이 오면 때론 웃으면서 인사를 하기도 했다. 그러다가 아버지의 죽음을 이야기하다가 눈물이 갑자기 쏟아지기도 했다. 특히 회사에서 단체로 조문을 왔을 때 더욱 그러했다. 내 가족들이 가득한 사적인 공간에 공적인 회사 사람들이 혹 들어왔을 때 비로소 아버지의 죽음이 현실이구나 느낌이 왔다. 우리 가족의 공간에 회사 사람들이 무더기로 들어와 있는 순간, 공과 사가 겹치는 그 순간 비로소 내가 무너지기 시작했다.

회사 사람들 앞에서 하염없이 눈물이 나왔다. 식사를 준비해 드리고 같이 식탁 옆에 앉아 있는데 나도 모르게 계속 눈물이 흘러나왔다. 회사 일은 신경 쓰지 말고 아버지 잘 보내 드리고 오라는 팀장님의 말에 눈물이 멈추지 않았다. 회사 안에서 자기 속마음이나 감정을 드러내는 것이 좋을 것 없다는 것을 팀장님을 통해 배웠는데 그날따라 눈물이 그 가르침을 거스르고 있는 것이었다.

아버지를 보내 드리고 2년이 지나 마흔이 되었을 때 우울증이 심했던 것도 이런 나의 성격 때문인 것 같다. 속마음, 감정을 남에게 드러내지 못하는 성격 말이다. 나중에 정신과 상담을 받고 나서야 자기의 감정을 드러내고 속을 터놓고 말하는 것이 얼마나 필요한 일인지 알게 되었다.

아버지가 돌아가시고 한동안 많이 힘들었다. 너무나 갑작스러운 죽음이셨고 아버지와 같이 하지 못했던 것들이 너무 많았던 것이다.

아버지는 살아생전 해외여행을 한 번도 못 다녀 보신 분이다. 두 아들은 어학연수, 워킹홀리데이, 세계 여행 등으로 해외를 자주 편하게 왕래했지만 정작 당신은 여권조차 없는 분이었다. 직장 생활을 한 번도 안 해 보고 평생 자기 손으로 일군 일만 해 왔다. 워낙 자존심이 세고 남의 말을 듣는 것을 불편해하는 성격이다 보니 말이 통하지 않는 해외에 나가는 것 자체를 두려워하셨던 것 같다. 자식이었던 내가 모시고 가지 않으면 갈 수 없는 성격이었다. 살아 계실 때 같이 해외여행 다녀오자는 말을 무심결에 하시곤 했다. 그걸 살갑지 못했던 나는 흘려 대답하기 일쑤였다.

그랬던 아버지와 해외여행 한 번 가는 것이 내 버킷리스트였다. 딸아이가 조금만 더 크면 딸아이와 함께 아버지를 모시고 해외여행을 가려고 했다. 아버지가 얼마나 행복해하시고 좋아하실까 했는데 그 모습은 끝내 볼 수 없게 되었다.

아버지의 죽음 이후 내 삶은 많이 달라졌다. 가족을 대하는 태도와 건강을 대하는 태도가 그것이다. 가장 많이 생각하는 것은 내가 건강하지 않으면 아무것도 할 수 없다는 것과 인생이 언제 끝날지 아무도 모른다는 것이다.

하루아침에도 운명을 달리할 수 있는 게 사람 목숨이란 걸 바로 옆에서 지켜보았다.

다음을 기약하면서 내 건강과 가족을 뒷전으로 두지 말자는 명징한 깨달음을 얻었다. 갑자기 돌아가시면서 아무런 유언이나 조언을 남기시지는 못했지만 인생을 어떻게 살아야 하는지 큰 방향을 잡게 해 주신 게 아버지가 주고 떠나신 것이 아닐까 생각한다.

이런 깨달음을 얻기까지 아버지가 돌아가시고도 5년여가 걸렸다.

내게 남은 시간이 얼마나 되는지 알기만 하면 앞으로 할 일은 명백해진다. 만약 석 달이 남았다면 가족과 함께 시간을 보낼 것이다. 1년이라면 책을 쓸 것이다. 10년이라면 사람들의 질병을 치료하는 삶으로 복귀할 것이다. 우리는 한 번에 하루씩 살 수 있을 뿐이라는 진리도 별 도움이 되지 않았다.

-폴 칼라니티, 『숨결이 바람 될 때』

2장

흔들리지 않는
나이는 없다

❶ 마흔에도 사춘기가 오다니
(눈물의 갱년기 극복기)

학창 시절, 주말 텔레비전에서 해 주던 토요 명화를 보는 낙으로 한 주를 보냈었다. 텔레비전을 통해 보는 영화만으로는 부족했던지 중학생 때부터 종로와 신사동의 극장가를 찾았었다. 친구들과 보러 가기도 했지만 영화 취향이 독특하여 혼자 가는 경우가 많았다. 영화관이라는 공간이 주는 서늘함과 영화가 시작되고서의 열기가 마냥 좋았다. 영화가 상영되는 두 시간 동안은 스크린과 나 사이에 아무것도 없이 오로지 영화 속으로 빠져들어 집중할 수 있어서 좋았다. 2시간 동안 먼 미래로도, 과거로도 또 세계 어느 곳으로도 여행하는 기분이었다.

수능 시험이 끝나고 처음했던 아르바이트가 비디오 가게였다. 오전에 비디오 가게를 오픈해서 사장님이 나오는 오후까지 가게를 혼자 지키는 것이 내 일이었다. 사장님이 오면 2~3시간 정도 오토바이를 타고 비디오테이프 수거와 대여 배달도 같이 했었다. 오전에 사장님이 없는 시간에는 마음껏 영화를 볼 수 있었다. 손님도 많지 않은 시간이었기 때문에 돈을 벌면서 영화를 볼 수 있다는 것이 꽤 즐거웠다. 그리고 대학 1학년 때 했던 게 멀티플렉스 영화관의 아르바이트였다. 당시로서는 전국에 하나밖에 없는 멀티플렉스 영화관이어서 그런지 영화관은 항상 관람객으로 붐볐다.

졸업한 고등학교에서 도보 5분 거리에 있는 대형 쇼핑몰에 영화관이 있었기 때문에 아르바이트생이 모두 또래 친구들이었다. 직원은 근무 시간 외에 영화를 무료로 볼 수 있어서 당시에 개봉했던 거의 대부분의 영화를 보았다. 안 좋은 점이라면 근무하면서 영화의 시작부분과 끝부분을 미리 알게 되고 그 이후에 영화를 본다는 것이었다. 좀 김빠지는 상황도 있긴 했지만 그래도 영화의 바다에 푹 빠져서 살았던 시기이다.

나이를 먹어 가면서 영화관 갈 일이 점차 줄어들었다. 특히 결혼하고 아이를 낳아 키우다 보니 영화 선정도 아이 위주가 될 수밖에 없다. 어린이 애니메이션이 주로 감상하는 영화가 된다. 혼자 영화관을 갈 수 있는 기회가 없다 보니 자연스레 영화에 대한 애정도 사그라지고 있었다. 그러던 나에게 집에서 편하게 볼 수 있는 드라마에 재미를 붙이는 계기가 생기는데 그게 바로 OTT 시대(Over The

Top: 인터넷을 통해 볼 수 있는 TV 서비스)의 도래였다. 코로나로 인해 영화관 찾아가는 것도 어려운 시대이다 보니 집에서 OTT 서비스를 통해 수많은 드라마 시리즈를 볼 수 있게 된 것이다.

예전에는 드라마의 호흡이 영화보다 길고 (보통 영화는 2시간 안에 결말이 나지만 드라마는 16부작이 기본이다 보니 긴 호흡으로 서사를 쌓아 올린다.) 생활에 바쁘다 보니 드라마를 챙겨 보는 것이 쉽지 않았었다. 그런데 OTT 서비스로 인해 전편 몰아 보기가 가능해졌고 시리즈의 길이도 5~10부작으로 예전보다 속도가 빨라져서 한번에 몰아볼 수 있는 환경이 되었다.

어떤 드라마를 어떻게 재밌게 보았는지보다도 지금부터 하고 싶은 것은 눈물에 대한 이야기다.

예전보다 너무 드라마에 몰입이 잘된다는 것이다. 그러다 보니 1시간짜리 드라마 한 편을 보면서 눈물이 흐르는 일이 많아졌다. 절절한 사랑 이야기가 나오면 다시는 돌아갈 수 없는 젊음에 대한 애틋함으로 눈물이 주루룩 흐른다. 부모님에 대한 못 다한 이야기나 나오면 내이야기 같아서 눈물이 또르륵 흐른다. 특히 자녀에 대한 에피소드가 나오면 딸아이 생각이 나서 속수무책으로 눈물이 흐른다. 원래 영화를 보면서도 감정이입을 잘하고 눈물을 잘 흘리긴 했지만 마흔이 넘어서 드라마를 보면서 우는 것은 예상하지 못했던 그림이다.

갱년기가 벌써 왔나 싶어 덜컥 겁이 나기도 했다. 우울감이 늘고 기력이 떨어져서 저녁만 먹어도 졸음이 오는 증상을 보면 갱년기가 맞는 것 같기도 하다. 또, 군 입대 때 쟀던 키보다 현재 1.5센티미터나 줄어든 걸 보면 100% 갱년기 증상이 맞는 것 같다.

처음엔 드라마나 영화에만 감정 이입해 흘리던 눈물을 뉴스를 보면서도 흐르는 상황이 연출되기 시작했다. 예를 들면 어려움을 딛고 무언가를 이룬 사람에 대한 뉴스나 사회적인 약자가 외롭게 쓸쓸하게 죽음을 맞이했다는 뉴스들이 바로 그런 것이다. 갑작스럽게 목이 메고 눈가가 촉촉해진다. 이런 상황에서의 눈물을 가족들에게 들키지 않기 위해 급하게 자리를 뜨기도 한다. 왜냐하면 딸아이가 울보 아빠라고 놀리기 때문이다. 처음에 몇 번은 딸아이도 별 의식이 없었는데 자주 눈물을 흘리다 보니 조금만 내가 코를 훌쩍이면 울고 있는 건 아닌지 내 얼굴을 살핀다. 이제는 텔레비전에서 조금이라도 감성적인 장면이 나오면 내 얼굴부터 본다. 울보 아빠가 또 우는 건 아닌지 말이다.

남자도, 어른도 울 수 있다는 것을 아직 100% 이해할 수 없는 딸아이는 나의 이런 주체할 수 없는 눈물에 처음엔 당혹감을 느끼다가 이젠 놀림으로 활용하기도 한다. 본인이 속상해서 울 때면 내 핑계를 대기도 한다. 아빠 때문에 자신도 눈물이 많다고 짜증을 내기도 한다. 숙제를 하다가 안 풀리면 울면서 아빠 때문이라고 하고, 아이 엄마가 왜 우냐고 다그칠 때는 아빠 때문에 자기도 눈물이 많다고 내 핑계를 댄다. 내가 우는 것과 딸아이가 우는 건 엄연히 다른 상황이어서 적잖이 억울하긴 하다. 하지만 울고 있는 아이를 더 이상 다그칠 수도 없고 이런 경우 난감하다.

남자도 나이를 먹다 보면 남성 호르몬이 줄어든다고 한다. 남자에게는 테스토스테론이라는 남성다움을 주관하고 성생활에 주도적인 역할을 하는 호르몬이 있다. 이 호르몬은 30대 전후로 해마다 약 1%씩 감소하여 50~70대가 되면 약 30~50%는 정상치보다 감소되어 있다고 한다. 과도한 음주와 흡연, 스트레스, 고혈압 등이 이 증상을 더욱 가속화시킨다고 하는데 직장에서 인사팀으로 부서를 옮기고 잦은 술자리와 스트레스로 인해 내 소중한 테스토스테론도 감소한 것이 아닌가 생각이 든다. 그래서 이렇게 여성스러움을 장착하는 중년이 되는 것 아닌가 의심이 든다. 눈물이 많아지고 마음이 약해지고 그런 것들이 다 호르몬 영향인 것만 같다.

나름의 공부와 자료 조사를 통해 이런 갱년기 증상을 극복해 가는 데에 나만의 두 가지의 해결법을 고안해 냈다. (물론 더 좋고 종합적인 치료 방법도 있으나 내 개인적인 상황과 증상에 따른 것임을 먼저 밝힌다.)

첫째는 갱년기 증상을 노화의 한 과정으로 보지 말고 질병으로 인식하고 적극적으로 치료하는 것이다.

여성의 갱년기는 폐경 이후 급속히 증상이 나타나서 인지가 쉽다. 반면 남성 갱년기는 서서히 진행되어 잘 모르고 지나치는 경우가 많다. 또 남성 갱년기의 경우 이해도가 낮고 표현을 잘 하지 않아 악화되는 경우가 많다. 우울증을 극복하면서 내가 알게 된 것은 모름지기 병은 널리 소문을 내라는 것이다. 주변인들에게 말을 함으로써 내가 뭔가 문제가 생겼음을 모두에게 공표하는 것이다. 그럼으로써 나 자신이 그곳에서 벗어나기 위해 노력하기 한결 쉬워진다. 병원을 다니는 것도 눈치 덜 보고 다니게 되고 남들이 나의 안부를 묻는 것도 마냥 기분 나쁘지만은 않다. 또 같거나 비슷한 병으로 고통받는 사람들이 하나둘 모이면서 서로 의지할 수 있는 토대가 만들어진다.

그래서 자주 나의 증상에 대하여 주변에 알리고 있다. 그럼 전혀 예상치 못했던 친구들에게서도 같은 증상이 있음을 알게 된다. 서로가 고민하는 부분이 비슷하고 알게 된 방법들 중에서 효과가 있었던 것들에 대하여 정보를 공유할 수 있게 되었다. 이렇게 어떤 병이든 그것에 대한 인정과 적극적인 치료 의지가 우선 필요하다고 느끼게 되었다.

두 번째는 운동을 통해 근육량을 키우는 것이다.

남성 갱년기 증상의 대부분은 근육량의 감소와 어떻게든 연결이 되어 있다. 피로하고 무기력한 감정, 우울감과 정서적인 불안정, 일의 능률 감소, 성욕 감퇴 등이 모두 근육량과 관련된 것들이다. 마흔이 되면서 근육량이 점차 줄고 그로 인해 발생하는 여러 질병 중 한 가지가 갱년기라고 한다. 그렇기 때문에 운동을 통해 근육량을 늘리는 것이 근본적인 치료가 될 수 있다. 하지만 바쁘게 일하고 가정 생활을 하다 보면 운동할 시간을 내는 것이 쉽지 않다. 나 또한 직장에 다니면서 의욕적으로 운동을 해 보려고 했으나 번번이 실패했던 경험이 많다. 운동을 일상적인 생활에 입히는 것이 해결법이 될 수 있다고 생각한다. 따로 시간을 내서 운동을 하러 가는 것이 아니라 일상생활 중에 운동을 하는 것을 습관화하는 것이다. 울퉁불퉁하게 상체 근육을 키우면 좋겠지만 위와 같은 갱년기 증상에서 필요한 것은 하체 근육이다. 하체를 키우는 것 중 걷기와 뛰기가 일상생활에서 가장 쉽게 할 수 있는 운동이다.

나는 하루 만 보 걷기를 최대한 지키고 있다. 만 보를 걷기 위해서는 1시간 40분을 걸어야 한다. 일상생활을 하다 보면 40분 정도는 자연스레 걷게 된다. 이게 4,000보가 된다. 그리고 나머지 1시간을 더 걸어야 하는데 이 부분은 에스컬레이터를 안 타고 계단을 이용하고 버스로 세 정거장 거리인 집에서 지하철까지는 걷는 것을 생활화하고 있다. 집에서 지하철역까지 버스 세 정거장 거리를 걸으면 시간상으로는 30분이 걸리고 왕복 약 6,000보가 완성된다. 처음엔 가방이 무겁고 신발도 불편해서 여간 힘든 게 아니었다.

그래서 가지고 다니는 가방의 무게를 최대한 줄이고 신발은 무조건 운동화를 신는 것으로 바꾸었더니 걷는 것이 훨씬 가벼워졌다. 또 무료함을 달래기 위해 걸을 때 들을 음악이나 팟캐스트 등을 미리 준비해 놓으면 걷는 것이 쉬워진다. 이렇게 해서 나의 근육량이 크게 늘었는지 아직은 확실하지 않다. 그리고 눈물이 줄었는지도 아직은 모르겠다. 하지만 한 가지 확실한 것은 예전보다는 내 눈물의 이유를 어렴풋 알게 되었다는 것이다. 원인을 알고 나니 홀가분한 기분이 들어 불안감을 떨쳐 버릴 수 있었다. 내가 유독 눈물이 많은 사람이 아니라 누구나 나이를 먹으면 생길 수 있는 갱년기 증상이구나 깨닫게 되니 좀 더 긍정적으로 나를 바라볼 수 있게 되었다.

❷
죽음에 대하여 생각하다

1년에 4번, 나는 죽음에 대하여 생각한다. 바로 아버지와 장인 어른의 산소를 다녀오는 날들이다. 장인어른은 경기도 양평의 수 목장에 모셔져 있다. 그곳에 가면 수많은 나무 옆의 비석에 고인 의 이름과 생년월일, 사망 날짜가 적혀있다. 고인을 기리는 사람들 의 마음을 담은 추모품이 있기도 하다. 이런 것들을 통해 고인에 대한 생전의 작은 단서들을 알 수 있게 된다.

지금 내 딸아이보다도 어린 나이에 죽은 아이의 비석도 보인다.

생: 2015.00.00.
사: 2020.00.00.

어떤 이유인지 정확히 알 수 없지만 비석에 꽂힌 편지를 통해 어린 자식을 마음에 묻은 부모의 마음이 느껴져 눈물이 흐른다. 또 다른 비석에서는 어떤 사고 때문인지 부모와 자식이 같은 날에 죽은 것을 알 수 있는데, 이런 경우 인생의 황망함을 느끼기도 한다.

생전 고인이 좋아했던 캔 커피를 비석 옆에 놓고 가는 유가족도 있다. 저마다의 사연으로, 방식으로 고인을 기리고 있는 사람들을 보면 죽음을 인식하지만 역설적이게도 살아 있다는 것에 대해 더 생각해 보게 된다. 딸아이는 어렸을 때 두 분의 할아버지가 모두 돌아가셔서 많은 기억이 없다. 매년 이렇게 성묘를 같이 다녀오면서 죽음과 삶에 대하여 알려 주고 싶다. 인생의 유한함과 그 유한함을 통해 더 의미 있고 소중해지는 삶에 대하여 알려 주고 싶다.

내가 죽음에 대하여 더 곱씹어 보게 된 계기는 단연 아버지의 죽음이다.

예순의 나이에 갑자기 돌아가시고 2년 정도는 아버지의 죽음에 대하여 뒷정리를 해야 할 일이 많았다. 아버지가 벌여 놓고 있던 상가 건축이 있었고 그 건축을 위해 은행에서 대출을 10억 이상 받은 상황이었다. 어머니도 가정주부로서 아버지의 사업에 대해 자세한 내역은 잘 모르는 상태였기 때문에 상속 절차에 어려움이 많았다. 당시는 상속에 대한 조사가 활발하게 진행되는 시기였기에 10년간의 은행 거래 내역을 세무서에 신고해야 했다. 그런데 도무지 알 수 없는 것들도 있었다. 송금 내역이나 그것을 증빙

하기 위한 자료를 만들기가 어려웠다. 나 또한 20살 이후로 집을 떠나 있어서 어떤 식으로 부모님의 가정 경제가 운영되었는지 잘 몰랐다. 내가 결혼할 당시 신혼집을 마련하기 위해 부모님으로부터 받았던 전세 보증금에 대해서도 증빙 자료를 만들어야 했다. 하지만 거의 10년 가까이 된 일들이라 기억도 잘 나지 않았고 그 것을 증빙할 자료를 준비해 놓지도 못했다. 너무나도 갑작스러운 죽음이었기 때문이다.

아버지가 돌아가시고 은행의 대출에 대한 부담이 이만저만이 아니었다. 매월 갚아야 하는 이자는 내 한 달 월급에 맘먹었다. 대출 상환 시기가 도래해서 대출 연장을 할 때는 새로운 채무자의 신용 내역과 재산 내역을 확인해야 했는데 대출이 어려워진 때여서 은행에서는 대출금의 일부 상환을 연장 조건으로 내세우기도 했다. 할 수 없이 아버지가 돌아가시면서 급하게 새로 지은 상가와 상가 뒤의 땅을 매도했다. 시골이라 잘 팔릴까 걱정했는데 어머니의 기도가 통했는지 다행히 2년 동안에 대출을 모두 정리할 수 있었다. 벌이가 없는 어머니로서는 일생의 큰 짐을 덜어 내는 심정이었다. 대출을 모두 상환한 그날 밤 어머니는 그동안의 마음고생을 장남인 나에게 토로하셨다.

"수년을 빚 때문에 고생했는데… 오늘은 두 발 뻗고 잘 수 있겠다."

아버지가 돌아가시고 재산과 대출에 대한 정리가 어느 정도 되고 나자 비로소 아버지에 대한 그리움이 스멀스멀 올라왔다. 거칠게 자라고 생활하신 아버지가 세상에서 가장 아끼고 귀하게 여겼던 게 다름 아닌 나였다는 사실을 잘 알고 있다. 겉으로는 무뚝뚝하지만 정이 많고 마음이 여린 아버지였다. 술 한 잔 드시면 자주 전화하셔서 본인 하소연을 많이 하셨는데 그만큼 장남에 대한 애정의 말들도 많이 하셨다. 내가 딸아이를 낳아 기르다 보니 세상의 모진 풍파에도 가족을 지키고 강하게 살아야 하는 아버지의 역할을 이해하게 되었다. 그러면서도 때때로 마음 약해질 때가 있고 그런 마음을 자식에게 기대고 싶을 때도 있다는 걸 알게 되었다.

나에겐 자식 때문에 산다는 말은 틀린 말이다. 자식 덕분에 산다는 말이 더 맞는 말 같다. 자식 때문에 힘든 일도 있지만 자식 덕분에 힘을 내고 자식에 의지하고 살아가고 있기 때문이다. 내가 자식에게 의지할 곳이 되기도 하지만 나 또한 자식에게 받는 위로도 무시 못 할 만큼 크기 때문이다.

아버지의 죽음이 더욱 현실로 와닿고 그로 인해 먹먹해질 때는 역설적이게도 오히려 가장 즐거운 순간들이다. 아버지가 돌아가실 때 제수씨는 만삭이었다. 아버지가 돌아가시고 그 다음 달에 동생의 딸아이가 태어났다. 아버지가 살아생전 그렇게 예뻐했던 내 딸아이만큼이나 기다렸던 동생의 아이였다. 아마 살아계셨다면 동생을 똑 닮은 조카도 무척이나 예뻐하셨을 거다. 두 번째 손녀를 보셨다면 어쩌면 돌아가시지 않았을 수도 있을거라 생각될만큼 손녀를 예뻐하셨다. 엔도르핀이 돈다는 것이 표정에서도 드러날 정도였다. 하지만 그 예쁜 둘째 손녀를 보시지도 못하고 아버지는 돌아가셨다. 그래서 동생이 딸아이를 낳은 그날이 내게는 기쁘면서도 아버지 생각을 많이 한 날이었다.

어머니를 모시고 일본으로 가족여행을 갔을 때도 아버지 생각이 많이 났다. 당신 자식은 해외여행을 많이 해 보았지만 정작 본인은 여권도 없이 사셨으니 그런 아버지가 같이 여행을 했다면 얼마나 좋아하셨을까 하는 마음이 들었다. 또 아버지와 쿵짝이 잘 맞았던 딸아이와 같이 여행을 하면 그 행복감이 더 배가 되었을 것을 상상하면서 더욱 아버지가 그리웠다.

동생이 아파트를 사서 리모델링을 하고 깨끗한 집으로 이사 들어가는 순간이나 가족들 사이에서 축하할 좋은 일이 있을 때면 비어 있는 아버지의 자리를 느끼고는 잠시 슬퍼지기도 한다.

그런 기분을 내가 죽은 이후 나의 딸도 느낄 거라는 상상을 해 본다. 내가 살아 있는 순간까지 최선을 다해서 자식에게 해 줄 수 있는 사랑을 주자고 다짐하곤 한다.

아버지가 예고 없이 떠나신 것처럼 나도 그럴 수도 있고 가족의 일원이 그럴 수도 있다는 생각을 하면 살면서 맞닥뜨리는 무수한 고민거리나 욕심들이 무슨 의미가 있을까 생각이 든다. 행복이란 '아프지 말자'와 동의어라는 가수 자이언티의 노래 가사가 절실히 다가온다.

나에겐 또 다른 아버지가 있는데 그분은 바로 장인어른이시다.

나와 와이프는 10살 차이가 난다. 이 사실을 얘기하면 주변 사람들은 나를 도둑이라고 놀리기도 한다. 와이프는 23살에 나와 결혼을 했다. 딸 셋 집안의 장녀인 와이프를 그 어린 나이에 시집 보내셨을 장인어른의 마음은 지금의 나라면 상상하기 힘든 일이기도 하다. 내 딸이 23살에 10살 많은 남자와 결혼한다고 하면 허락할 수 있을까? 나라면 무조건 안 될 일이라고 반대할 것 같다.

장인어른에게 결혼 승낙을 받기 위해 인사를 드리러 갈 때 무척이나 떨렸던 기억이 있다. 이미 와이프를 통해 쉽지 않을 수도 있다는 이야기를 듣고 겁을 먹고 있었기 때문이다. 하지만 장인어른은 나를 보시고 무엇이 마음에 드셨는지 감사하게도 이후에 결혼을 허락해 주셨다.

그랬던 장인어른도 50을 조금 넘기신 젊은 나이에 당뇨합병증으로 돌아가셨다. 워낙 오랫동안 앓으셨던 당뇨병으로 여러 차례 병원에 입원과 퇴원을 반복하셨다. 동대문에서 커튼 봉제 공장을 어렵게 운영하면서 딸 세 명을 키우느라 경제적으로는 힘들게 사섰다. 오랫동안 병원에서 치료를 받느라 경제적으로나 심적으로 가족 모두 힘든 시기를 몇 년간 보냈다. 장모님과 남아 있는 가족들에게 너무 큰 짐을 남기지 않으시려는지 장인어른은 마지막 병원에 입원하시고 얼마를 버티지 못하고 돌아가셨다.

이렇게 두 분의 아버지가 일찍 돌아가시고 나서 나에게 죽음은 남의 이야기가 아니게 되었다. 불안장애를 겪으면서 죽음이라는 것을 간접적으로 느껴 보기도 했다. 두 분의 죽음을 통해 느끼는 아버지 부재의 감정을 순간순간 느끼고 살아가고 있다. 죽을 것 같은 고통도 내 죽음 이후 가족에게 남겨질 부재의 감정도 나에겐 너무 가까운 이야기이다.

그래서인지 그런 이야기가 드라마나 영화에서 나올 때면 너무 심하게 감정이입이 된다. 마치 나의 이야기인 것만 같다. 그럴 때면 하염없이 눈물이 흐른다. 마흔이 되면서 더욱 건강과 가족에 집중하고 싶어진 이유가 이런 것이기도 하다. 어찌 보면 두 분의 죽음으로 남아 있는 사람이 느낄 수 있는, 그리고 배울 수 있는 교훈이 이런 것 아닐까 생각해 본다.

❸
회사에 남느냐 떠나느냐!
그것이 문제로다

회사의 인사팀에서 근무하고 있다. 내가 담당하고 있는 전국 20개 매장의 인력들에 대한 채용, 교육, 평가, 승진, 전배, 퇴사, 고충 처리 면담 등이 주 업무이다. 인사와 관련해 본사와 소통하는 창구 역할도 같이 하고 있다.

내가 이 일을 처음부터 했던 것은 아니다. 대학에 경영학부로 입학하여 3학년 때 인사 관리 전공을 선택했고 졸업 후 사회생활은 영업 관리부터 시작했다. 영업 관리를 하다 보면 그 안에 인사 관리가 주요 파트가 된다. 내가 직접 영업을 하는 것이 아닌 영업을 할 수 있는 직원을 뽑고 교육하고 매출 실적을 내는 일이 내 업무였기 때문이다. 그런 업무를 10년 넘게 해 왔다. 일을 하면서 실적을 만들어 내는 것은 결국 사람이라는 것을 알게 되었다. 그래서 HRD(Human Resource Development: 인적 자원 개발)에 대한 공부도 계속 하고 있었다. 두 번째 근무했던 외국계 회사에서는 인사팀 근무를 했었다. 내 지난 커리어를 돌아보면 영업과 인사 업무 모두를 해 왔던 것이다. 지금 하고 있는 일을 하면서 성취감을 느끼는 순간들이 많다. 좀 더 자세히 언급하면 각 분야에서 근무할 알맞은 사람들을(최고의 사람보다는 알맞은 사람) 뽑아 교육하고 그들의 능력을 개발하여 큰 성과를 만들어 내는 일이 즐거웠다. 그로 인해 영업적으로 성과가 매출로 나오면 더욱 신났다. 각 개인의 성향과 조직의 성격을 파악해서 더 긍정적인 성과를 낼 수 있게 조직 구성을 했을 때도 성취감을 느꼈다. 여러 사람들 사이 갈등을 풀어 나가는 일에는 어려움을 느끼기도 했지만 그 갈등을 해결했을 때는 그에 합당한 성취감도 얻을 수 있었다.

영업팀에서 근무하다가 처음 퇴직했던 사유는 회사에 대한 불만이나 어려움이 아니었다. 오히려 부동산을 통한 제2의 인생 도약기라고 생각하고 그만두었다. 그렇기 때문에 퇴사할 때의 아쉬움이 오히려 크지 않았다. 바로 부동산 투자라는 새로운 일에 뛰어들어 일할 수 있었다. 다시 부동산을 그만두고 나서 재입사 후 4년이 지난 지금은 커리어에 대한 고민이 많다.

지금 하고 있는 일을 언제까지 할 수 있을까? 내가 지금 탄 이 배가 나를 제대로 된 목적지로 데려다 줄 것인가? 지금 하고 있는 일에서 인정과 성취감을 느끼면서 하고 있지만 불현 듯 드는 불안함이 있다. 인사팀은 보통 회사에서 지원 부서라는 타이틀을 가지고 있다. 회사가 잘 돌아가게끔 지원하는 업무를 담당하고 있는 것이다. '무슨 문제가 일어나지 않으면 잘하고 있는 것이다.'라는 인식도 있다. 그러다 보니 부서 내 이직률이 현저히 낮다. 그말은 나도 안 잘리고 남도 안 잘린다는 얘기다. 처음 회사가 성장할 때 조직에 대한 세팅을 하는 부서이기도 하다. 회사가 어려움에 처할 때 인력 감축이라는 칼을 쓰기도 한다. 어려움이 극에 달해 회사가 문을 닫아야 할 때 그 마지막 문을 닫고 나오는 부서이기도 하다. 업무에 있어 큰 사건이나 실적이라는 눈에 보이는 지향점이 타 부서 대비 부족한 것도 사실이다. 그러다 보니 타성에 젖게 되고 부서 문화는 보수적이게 된다. 이직률이 낮다 보니 내가 입사했을 때의 인력 구성이 지금도 그대로 유지되고 있다. 그만큼 변화가 없다. 4년여 일을 하다 보니 변화를 갈망하게 된다.

마흔이 넘어서 새롭게 무언가를 뛰어들어 할 수 있을까 하는 걱정이 앞선다. 5년 전보다 내 자신이 고착화되었다. 더 나다워졌다고 할까? 하지만 그것은 다시 말하면 변화에 대하여 더 소극적으로 변했다고도 생각된다. 위험을 감수하고 새롭게 무언가에 도전해 볼 만한 능력이 있는가? 도전해 보고 안 되었을 때 그 이후에 대한 안전장치가 있는가? 이런저런 생각들이 많아졌다. 회사를 그만두지 않고 휴직을 1년간 해 보고 있는 것이 그 때문이다.

회사에서 5~6년 차 직원들을 대상으로 관리자 양성 교육을 주관하여 진행한다. 관리자 양성 교육은 업무적으로 어느 정도 완성이 되어 있는 승진 예정자들이 대상이다. 이때 많이 하는 게 바로 리더십을 중심으로 하는 마인드 교육이다. 많은 관리자 후보생들의 어려움 중 하나가 바로 새로 입사하고 같이 일하는 MZ 세대들에게 일에 대한 의미를 주고 동기를 부여하는 부분이다.

본인들이 하는 업무가 시간을 때우는 소위 돈벌이 수단이 아닌 회사와 개인의 성장에 방점을 찍고 조직에 기여한다는 마음을 가지게 하는 것이다. 요즘 기업들은 사람 구하기 어렵다고 한다. 젊은 세대들이 본인 일하고 싶을 때만 임시적으로 일하고 싶어 해서 장기적으로 일할 수 있는 실력 있는 젊은 세대들이 점차 없어지고 있다고 한다.

우리 회사도 마찬가지다. 인사팀인 우리 부서는 이직률이 낮지만 회사 전체적으로는 이직률이 갈수록 높아지고 있다. 3년 이상 일하는 직원을 찾기 어려워지고 있다. 특히나 일 좀 할 만한 2~5년 차의 주니어 직원들이 자주 이탈한다. 이 인력들은 내가 그 연차에 그러했던 것처럼 일에 대한 자신감이 생기는 시기이다. 그리고 경쟁 기업에서도 가장 선호하는 연차이기 때문에 스카웃 제의도 많이 온다. 그러다 보니 회사의 구조가 예전과 같은 피라미드 구조가 아닌 호리병 구조가 된다. 허리가 약한 조직이 된다. 실무를 한창 해 줘야 할 인력이 가장 약한 모양이다. 이 인력들이 계속 회사에 남아서 근무할 수 있도록 이들에게 적절한 교육과 복지를 계획하는 일, 평가와 보상 시스템을 마련하고 운영하는 게 나의 일이다. 그런 내가 이 일이 나에게 맞는지, 이 회사가 나에게 맞는지 고민하고 있다고 하니 아이러니하다.

'내가 일에 대하여 가지고 있는 의미는 어떤 것인가? 그 의미를 좀 더 긍정적이고 발전적인 부분으로 만들려면 어떤 노력을 해야 하는가?' 5년 차 이하의 주니어 직원들을 대상으로 하는 교육 자료를 만들다 보면 그 질문은 근무한 지 10년이 넘은 나에게도 유효한 질문이 되어 돌아온다.

회사의 어떤 부분이 나를 힘들게 하는지에 대한 고민을 하게 된다. 어떤 순간 내가 회사를 떠나려는 마음을 먹는지를 파악하는 부분에 대해 생각했다. 나는 언제 회사를 그만두고 싶었을까? 회사에서 교육 자료를 만들기 위한 준비 작업이 의도치 않게 나를 향해 돌아왔다.

적지 않은 나이에 지금 하고 있는 일이 편안함을 주는 상황에서도 왜 떠나고 싶은 마음이 드는 걸까? 여러 이유로 인해 사람들이 회사를 떠난다고 하는데 나는 어떤 유형일까?

마흔이 되면서 마음이 복잡해지고 생각이 많아지고 있다. 내가 지금처럼 살아간다면 나의 5년 후, 10년 후가 눈에 뻔히 보이는 것 같다.

나에게 좀 더 다른 인생이 놓여 있지 않을까?

내 미래는 이렇게 뚜껑이 닫힌 치약처럼 짜도 짜도 안 나오는 치약 통 안에 머물러야 되는 걸까? 나는 이렇게 저무는 것인가?

이 질문에 대한 대답은 아직 찾지 못하고 있다. 대답을 찾을 수나 있을까 하는 생각이 든다. 나에게 주어진 길에 대하여 생각하고 내가 좋아하고 가슴이 뛰는 것이 어떤 것인지 혹은 지겹게 하더라도 묵묵히 꾸역꾸역 해 나갈 수 있는 일이 무엇인지. 나에게 다양한 경험에 노출될 수 있는 기회를 주는 것이 마흔의 나에 대한 최대한의 예의가 아닐까 생각한다. 인생은 언제나 마지막이니까 눈에 보이는 적당한 것들에 들이대 보려고 한다. 그러기 위해서는 눈에 보이는 것들이 많은 환경을 나에게 만들어 줘야 한다. 그래서 마흔이 되면서 더 호기심이 넘치고 있다. 이 길은 어떨까? 저 길에 내 자리가 있는 건 아닐까? 그런 고민의 시간을 보내고 있다.

④ 남자의 육아 휴직
-여성에게 기회를

우리나라는 남성의 육아 휴직에 대하여 법적으로 아래와 같이 보장하고 있다.

남녀고용평등과 일, 가정 양립 지원에 관한 법률 제19조(육아 휴직)

① 사업주는 근로자가 만 8세 이하 또는 초등학교 2학년 이하의 자녀(입양한 자녀를 포함한다)를 양육하기 위하여 휴직(이하 "육아 휴직"이라 한다)을 신청하는 경우에 이를 허용하여야 한다.

② 육아 휴직의 기간은 1년 이내로 한다.

③ 사업주는 육아 휴직을 이유로 해고나 그 밖의 불리한 처우를 하여서는 아니 되며, 육아 휴직 기간에는 그 근로자를 해고하지 못한다. 다만, 사업을 계속할 수 없는 경우에는 그러하지 아니하다.

④ 사업주는 육아 휴직을 마친 후에는 휴직 전과 같은 업무 또는 같은 수준의 임금을 지급하는 직무에 복귀시켜야 한다. 또한 제2항의 육아 휴직 기간은 근속 기간에 포함한다.

아이의 돌봄을 위해 육아 휴직 제도를 법적으로 보장하고 있는 것은 당연한 국민의 권리라고 생각한다. 윤석열 대통령이 선거 때 내놓은 공약 중에 '엄마, 아빠 차별 없이 1년 6개월씩 총 3년의 육아 휴직제도'를 도입하겠다는 내용이 있다. 내 개인적인 생각으로는 총 4년 정도는 육아 휴직 기간을 확대해 주면 여성들의 육아 부담이 조금은 줄어들 수 있지 않을까 한다. 국가 경쟁력을 위해서도 여성이 더 많이 사회에 진출해야 한다는 것이 나의 평소 지론이다. 여성들이 결혼과 출산으로 인해 경력 단절을 맞게 되면 그만큼 국가적으로 손실일 수밖에 없다. 취업 때까지 여성들에게도 남성과 맞먹는 시간과 자원이 교육 및 직업 교육에 투입되고 있다. 출산과 육아를 위해 여성에게만 유독 더 큰 짐을 지우고 그것이 결국 경력 단절로 연결되는 것이 너무 아깝다는 생각이 크다. 하나의 가정을 이루는 입장에서 여성뿐 아니라 육아의 부담을 남성도 같이 나눠야 하고 그것을 나라에서 법적으로 보장할 필요가 있다. 내가 이렇게 생각하게 된 이유는 결혼을 하고 여성 중심의 사회에서 살아가다 보니 그동안 막연히 이렇지 않을까 생각했던 여러 가지 단서가 퍼즐을 짜 맞추듯 하나의 논리로 정리됐기 때문이다.

여자가 더 능력이 높다?

중고등학교를 남녀 공학으로 나왔다. 남녀 합반은 아니었지만 전교 성적은 남녀가 합쳐 등수가 메겨졌다. 남녀를 성적으로 구별하는 것이 어떨지 모르지만 당시 우리 학교의 남녀 성적을 비교하면 아래와 같다.

전교 10등 이내: 아주 뛰어난 남자 2~3명, 아주 뛰어난 여자 7~8명

전교 10~50등 이내: 뛰어난 남자 10명, 뛰어난 여자 40명

이런 등수의 분포를 보고 공부를 잘하는 뛰어난 상위 몇 명의 남자를 제외하고는 보통 여자가 더 공부를 잘하는 걸 알게 되었다. 또 여자는 성적의 중간층이 두터운 반면 남자는 중간층이 약하고 중하위권에 몰려 있는 분포 구성이었다.

즉, 여자는 아예 공부를 포기하지 않는 이상 중간 이상은 한다는 것을 알게 되었다. 그래서 나의 학창 시절을 생각해 보면 같은 시간을 공부하더라도 여자들의 이해력이나 응용력이 더 뛰어나다는 것을 막연히 알게 되었다.

결혼 전 외국계 회사의 인사팀에서 근무한 적이 있다. 이름만 대면 알 수 있는 유명한 SPA 브랜드였는데 인사팀의 구성이 12명

이 여성, 1명(바로 나다)이 남성인 구성이었다. 거기서 1년간 군대 시절보다 더 심한 갈굼을 당하면서 느낀 것이 있다.

'여자들이 말로 갈구는 게 남자들에게 쌍욕을 먹는 것보다도 무서운 일이구나…'

인사팀의 보스는 일본 여자였는데 영어로 갈굼을 당하는데 눈물이 나는 경우도 있었다. 그토록 혹독하게 영어로 혼날 수 있다는 걸 느끼게 해 주었다. 그리고 팀 안의 여성 구성원들 사이에서의 눈치 싸움은 가히 최고봉이었다. 일상생활에서는 알 수 없는 그들 간의 묘한 심리전에 나 같은 무딘 남자는 그들의 이용감이 될 수밖에 없었다. 어떤 상황과 말들 때문에 기분이 나빴는지, 회의가 끝나고 낯선 대화가 이어지면 나는 나중에 설명을 들어야만 그들의 다툼을 이해하는 경우도 있었다. 서로의 이해에 따라 이합집산도 남자보다 훨씬 빠르고 다양하게 이뤄졌다. 다 같이 점심을 먹으러 가는 조합에 대하여도 무궁무진한 뒷담화가 이어지기 일쑤였다. 그 회사에서 1년 만에 퇴사한 이유 중에 하나도 이런 여성들 사이에서의 감정 소모가 큰 탓도 있었다.

결혼 이후 와이프와 딸아이를 데리고 처갓집에 가면 7명의 여성이 그곳에 모여 있다. 여성이 중심이 되는 곳이다 보니 말발이 장난이 아니다. 말의 진행 속도도 빠르고 주제와 소재가 넘나드는 다양함도 엄청나다. A라는 주제 사이로 A'가 난무하고 그사이를 B와 C가 자유롭게 넘나든다. 그들이 사용하는 단어의 숫자도 남자인 나와는 비교도 되지 않는다. 신기하게도 이렇게 정신없는 와중에 그 내용들을 모두 이해하고 습득할 수 있는 능력이 있다는 것이다. 그리고 이렇게 떠드는 와중에 각자 핸드폰도 하고 간식도 먹고 텔레비전도 본다는 것이 정말 신세계였다. 여자들은 말로 모든 것을 할 수 있는 종족 같다. 학습, 소통, 치유의 모든 것을 말을 통해 한다. 정보 제공만 주로 하는 남자들과는 양과 질에서의 차이가 크다.

이렇게 남자보다 월등하게 뛰어난 여자들 사이에서 지내다 보니 남자인 내가 더 뛰어난 게 있을까 하는 의문을 가지게 되었다.

산업화 이전이나 원시시대야 남자의 힘이 생존을 위해 필수불가결한 것이었기에 남자의 필요성이 있었지만 지금은 근육의 힘이 없어도 살아갈 수 있는 시대이다. 무겁고 힘든 건 전부 외주화가 가능한 시대이다. 지금의 집에서도 딱히 남자인 나의 힘이 필요한 순간들이 별로 없다. 배달 앱이 모두 해결해 주기 때문이다. (요즘엔 다양한 인적 서비스를 제공하는 앱까지 가세했다.)

와이프는 나와 23살에 결혼했다. 제대로 된 사회생활을 많이 해 보지도 못하고 결혼한 것이다. 결혼 2년 차에 아이를 임신하면서 다니던 회사를 그만두고 전업주부로서 아이의 주 양육자로서 생활을 10년째 해 오고 있다. 그런 와이프를 볼 때마다 본인이 가지고 있는 능력들을 발휘할 기회를 빼앗긴 것 같다는 생각을 해오고 있었다. 와이프는 초등학교 때부터 육상을 해서 근성이 뛰어나다. 어른이 된 지금은 생활력이나 승부욕이 더 향상되었다. 본인보다 나이 많은 사람들과 일대일로 붙어도 말이나 눈빛에서 잘 뒤지지 않는다. (그 부분이 나와는 많은 차이가 있다.) 어린 시절부터 장인어른과 장모님이 동대문에서 일을 하셔서 거친 어른들 사이에서 커 왔고 세 자매의 첫째로 야무진 부분이 있다. 그래서 지금도 어떤 일을 하든지 두각을 나타낸다. 특히나 중요한 부동산 일이나 사람들 대하는 일에 있어서는 나보다도 훨씬 낫다. 또 손도 야무져서 집에서 발생하는 잡다한 수리나 교체도 와이프가 더 잘한다. (집에서 나의 별명은 공주다.) 그런 와이프가 좀 더 본인의 가능성을 시험해 보고 꿈을 펼칠 수 있는 기회가 있으면 좋겠다고 생각했다. 아직은 아이가 초등학생이라서 부모 중 누군가는 아이를 돌보아야 한다. 10년간 와이프가 해 왔던 것을 내가 1년간 하기로 한 것이 바로 내 첫 번째 육아 휴직의 이유이다.

❺ 남자의 육아 휴직
-흔한 남성 휴직자의 일과

직장에 육아 휴직을 내는 남자가 많지 않다. 한국에서는 아직
도 남자가 육아 휴직을 내는 것이 2가지를 포기하는 것과 같다.
'NO 승진', 'NO 이직'.

남자가 육아 휴직을 한다고 하면 직장에 온전히 집중하지 못
한다고 생각한다. 여자는 육아나 가사의 부담에서 완전히 자유로
울 수 없기 때문에 그것을 어느 정도 인정하는 분위기이다.

"아이가 갑자기 열이 난다고 해서요. 죄송하지만 오늘 반차를
좀 쓸 수 있을까요?"

여자의 경우 이런 상황을 이해받는다. 하지만 남자인 내가 이
렇게 말하면 "아이 엄마는 뭐하는데요?"라고 질문을 받기 일쑤다.

그렇기 때문에 남자가 육아 휴직을 하면 어딘가 이상한 눈치
를 받는다. 남자가 육아 휴직에 이르기 위해서는 평소에도 남편
이 육아에 대한 책임을 어느 정도 떠안고 있다는 것을 회사가 알
아야 한다. 그래야 좀 더 수월하게 육아 휴직의 당위성을 인정받

을 수 있다. 하지만 현실적으로 1년간의 공백에 대하여 대체 인력이 준비되어 있지 않고 회사의 업무가 매년 빠르게 변해 가는 상황에서 휴직 1년 후 나의 자리에 대한 보장성이 약할 수밖에 없다. 나 역시도 이런 이야기를 듣고 휴직을 감행했다.

"1년까지 하지 말고 3개월 정도만 하고 돌아오면 안 돼요? 1년이면 남아 있는 팀원들이 업무를 나눠서 감당할 수가 없어요. 1년이면 대체 인력을 뽑아야 하고 그러면 1년 후에 돌아올 때 어떻게 될지 장담할 수 없어요."

물론 법적인 이슈가 있어서 위의 말보다는 좀 더 순화된 단어를 사용했지만 결론은 똑같았다.

회사는 나의 1년간의 육아 휴직을 위해 새로운 인력을 충원했다. 그에게 나는 업무 인수인계를 하고 휴직에 들어갈 수 있었다. 그가 지금 나의 책상에 앉아서 내가 쓰던 컴퓨터를 쓰고 내가 하던 업무를 보고 있다. 아마 1년 후에 내가 다시 회사로 돌아가면 내 자리를 다시 찾을 수 있을지, 내가 쓰던 컴퓨터를 다시 쓸 수 있을지 나조차도 모르겠다. 뒷일을 생각하면 휴직을 진행할 수 없다는 것을 잘 알고 있기 때문에 당장 내 앞에 주어진 1년만 생각하기로 했다.

육아 휴직 기간 초반에 가장 힘든 일은 바로 매일 아침 일어나서 나갈 곳이 없다는 것이었다. 직장에 다닐 때는 매일 아침 출근함으로써 일과가 잡혀 있었다. 휴직 이후 와이프 눈치가 보여 늦잠을 자는 것도 하루 이틀이었다. 휴직 10일 정도 만에 매일 아침 회사에 출근하듯이 나갈 곳을 만들었다.

　나는 지금 4개월째 제도 학원을 다니고 있다. 제도라는 것이 무엇이냐면 A4 사이즈 종이의 4배만 한 A2 사이즈 트레싱지(기름종이)에 실내 공간에 대한 도면을 그리는 것이다. 인테리어 실무에선 CAD로 사용하기 때문에 지금은 거의 사용하지 않는 기술이지만 인테리어의 국가 공인 기본 자격증인 실내건축기능사(기사) 자격증을 따기 위해서는 필수 과정이다.

　내가 인테리어에 관심을 가지게 된 것은 몇 가지 계기가 있다. 우선 아버지가 젊은 시절 건축업을 하셨다. 그래서 어려서부터 건축 도면을 보는 것이 익숙했다. 그리고 부동산 투자를 하다 보니 리모델링 공사가 필수였다. 부동산의 가치를 올릴 때는 리모델링이 가장 쉽고 일반적인 방법이기 때문이다. 몇 번의 부동산 거래를 통해 인테리어 공정을 셀프로 한 적이 있었다. 그러면서 인테리어에 대한 공부가 필요하다고 느꼈고 그 공부의 일환으로 제도 학원을 다니고 있는 것이다. 제도 학원에서 배우는 것은 도면을 손으로 그리는 것이다. 매일 아침 2시간씩 도면을 그리는 건 몸으로 하는 명상 같다. 간단한 동작을 하는 요가나 손뜨개를 하면서 잡념을 물리치는 것과 같은 느낌이다. 오로지 도면과 나만 존재하고 말도 필요 없이 손의 감각과 도면이 완성되어 가는 과정에 몰입할 수 있다. 복잡하던 머릿속이 말끔해지고 내 아침의 루틴도 완성되어 긍정적인 측면이 크다. 그래서 나는 휴직을 하는 남자들에게 아침에 출근하듯이 나갈 곳을 꼭 만들라고 한다. 그것을 통해 나머지 하루의 시간도 틀이 잡힌다. 특히 그동안 배우고 싶었지만 회사로 인해 못 배웠던 것을 배울 수 있는 기회로 만들 수 있다. 국가에서 운영하는 카드 등을 활용해 교육비도 지원받을 수 있다.

제도 학원 이후 아직은 아이가 학교에서 돌아오기 전이다. 집에 돌아오기까지 1~2시간이 남는다. 나는 이 시간을 두 달 정도는 집에서 텔레비전을 보거나 쉬면서 보냈었다. 그러다 보니 시간이 너무 아까웠다. 힘들게 육아 휴직을 했는데 집에서 쉬고 있는 것이 와이프 눈치도 보이고 아이에게도 별로 안 좋게 보일 것 같았다. 무엇보다도 다신 돌아올 수 없는 육아 휴직의 시간이 날아가는 것 같아 아까웠다.

그래서 나는 오전의 제도 학원이 끝나고 집으로 돌아가는 길에 있는 공유 오피스에서 2시간 정도 있다가 아이가 학교에서 돌아오기 전인 2~3시 사이에 집으로 돌아간다.

이 공유 오피스라는 것을 알아보고 지금의 오피스에 정착하기까지 2주 정도의 시간을 들였다. 여러 종류의 오피스를 알아보고 그중 몇 곳은 직접 가서 2~3일 정도 머무르기도 했는데 지금 다니고 있는 오피스가 위치나 환경이 나와 맞는 곳이어서 이곳을 다니고 있다. 물론 경제적으로 부담이 되는 것은 사실이다. 한 달에 35만 원 정도 부담을 하고 있다. 돈이 부담이 되니 여기서의 시간이 더 충실해지는 것 같다. '이 돈을 내고 다니고 있는데 무어라도 성과를 만들어야지'하는 동기 부여가 된다. 동기 부여 중에 가장 힘이 세다는 '돈기 부여'를 직접 경험하고 있다.

공유 오피스에서 내가 하는 일은 거의 글을 쓰는 것이다. 4년 전부터 책을 쓰고 싶다는 생각을 하고 그동안 여러 가지 책 쓰기 강의, 글쓰기 강의, 글쓰기 모임을 전전하다가 중간에 포기하기 일쑤였다. 몸이 피곤하고 시간이 없으면 글쓰기는 항상 우선순위에서 밀려났다. 우선순위에서는 밥벌이를 이길 수가 없었다. 그렇다고 체력이 뛰어나고 글을 쓸 수 있는 시간적인 여유가 있는 것도 아니었다. 밤에 자는 시간을 줄여서 글을 쓰는 것도 며칠 하다 보면 몸도 피곤하고 누군가가 다그치는 일도 아니기 때문에 점점 동력을 잃어 갔다. 기본적으로 글을 쓰는 것은 육체적으로 쉬운 일이 아니다. 책을 읽는 것보다 나의 모든 정신을 집중해야 한다. 독서는 잠시 딴생각하면서도 할 수 있지만 글을 쓰는 것은 그럴 수가 없다. 온전히 내가 쓰는 글에 집중해야 하고 그 글이 기승전결이라는 구조를 가지고 읽을 만하기 위해서는 생각도 깊게 해야 한다.

흔히 글을 쓰기 위해서는 3가지를 많이 해야 한다고 한다. '다문다독다상량(多聞多讀多商量)', 많이 듣고 많이 읽고 많이 생각해야 한다는 것이다. 그래서 일하면서 글을 쓰는 것은 엄청난 시간과 노력이 필요한 일이다. 그 어려운 걸 해내는 직장인 작가들을 보면 존경심이 안 생길 수 없다. 그 어려움을 해내는 분들의 이야기를 들어 보면 많은 것을 포기한다고 한다. 일을 하면서 할 수 있는 것은 단 한 가지인데 그 한 가지를 본인은 책을 쓰는 것이라고 한다. 그 말인즉, 일하고 책 쓰는 것 외엔 친구를 만나서 술을 한잔 한다거나, 그 외 사람을 만나는 교류도 피하고, 운동도 하기 어렵고, 가족과의 시간도 충분치 못할 수밖에 없다고 한다. 세상에 공짜는 없다는 말이 와닿았다.

그래서 나는 휴직 기간 동안 책을 쓰는 것에 집중하기 위한 환경을 만들었다. 글을 쓸 수 있는 시간을 매일 하루 2시간씩 할애하고 있다. 돌아가신 구본형 작가의 말대로 하루를 24시간이 아닌 22시간으로 인식하고 2시간은 글을 쓰는 시간으로 처음부터 떼어 놓고 생각하기로 했다.

글을 쓸 수 있는 공간도 공유 오피스로 지정하여서 이곳에 오면 바로 글을 쓸 수 있는 모드로 나 자신을 만들어 나가기 시작했다. 오자마자 에스프레소 2샷으로 아이스 커피를 만들어서 그중 반잔을 진할 때 마시면서 5분 정도 몸에 긴장감을 만든다. 카페인이 혈액 속으로 들어가서 텐션이 올라가면 노트북을 켜고 동영상 사이트에서 빗소리를 틀어 들으면서 글을 쓴다. 알고리즘에 뜨는 다른 영상들은 무시해야 한다. 클릭하는 순간 20~30분이 날아가는 건 순식간이다. 2시간 동안 집중해서 글을 쓰면 대체로 한 꼭지 정도의 분량이 된다. (A4 용지로 2장 정도) 많은 작가가 한다는 글쓰기 루틴을 만든 것이다.

남자의 육아 휴직
-끝나지 않는 육아 전쟁

공유 오피스에서 집으로 돌아오면 3시 정도가 된다. 3시는 아이도 하교 후 학원에 다녀오고 집에 돌아오는 시간이다. 이때 나의 임무는 아이에게 간식을 챙겨 주는 것과 아이의 숙제를 봐 주는 것이다. 더불어 아이와 대화를 통해 학교에서의 교우 관계나 성장 과정에서 겪는 여러 가지 감정에 대해 케어한다.

'간식 챙겨 주기라고 하지만 라떼(나 때)는 말이야…'
아이에게 하는 '라떼'시리즈 중 대부분은 먹는 것에 관한 것이다. 내가 자랄 때는 먹을 것이 지금과 다르게 풍족하지 않았다. 시골 외딴 마을에서 유년기를 보내다 보니 일단 군것질거리가 없었다. 그리고 배달 음식도 없었다. 그러다 보니 자연스럽게 한 끼 한 끼 식사에 집중해서 먹게 되고 좀 더 건강한 먹거리를 경험하면서 자랐다.
지금은 달라졌다. 유년기부터 배달 음식을 접하는 세대이다. 유아식 새벽 배송을 하고 예전보다 더 많은 군것질거리 사이에서 살아간다. 현대인의 많은 질병은 못 먹어서 생기는 게 아니라 너무 많이 먹어서 생기는 병이라는 게 내 평소 지론이다. 너무 많은 육식, 너무 많은 설탕, 너무 많은 칼로리, 너무 많은 양의 음식 사이에서 무분별하게 먹기 때문에 병이 생긴다. 아이의 식사를 챙기다 보면 내가 아이의 건강을 해치는 식습관을 만들어 주는 건 아닌지 걱정이 앞선다. 그러다 보니 더 적은 당 함유, 더 적은 식품 첨가물, 더 적은 나트륨을 찾게 된다. 성장기 아이이다 보니 영양적으로는 부족하면 안 되기 때문에 이 적당함을 지키는 게 어렵다. 내가 지킨다고 해서 아이가 그대로 먹어 주는 것도 아니기 때문이다.

여자아이여서 그런지 먹는 것에 대한 감각이 나보다 더 발달해 있다. 입맛에 대한 호불호가 뚜렷하고 참고 먹는다는 개념이 없다. 또 적게 먹지만 여러 가지를 먹고 싶어 하는 마음이 크다. 그렇다 보니 바쁜 아침 시간에도 내 아침은 안 먹더라도 아이의 아침은 꼭 챙겨 주는데 이때 사달이 발생한다. 아침으로 준비한 음식이 맘에 들지 않으면 아이는 다른 식사를 요청하는데 아이를 굶기고 학교를 보낼 수도 없고 아이에게 강압적으로 식사를 먹일 수도 없기 때문에 이런 대치 상황이 발생하면 새로 아침을 준비해 주고 있다. 전날 밤에 다음 날 아침으로 먹고 싶은 식사에 대하여 물어보고 준비했지만 자는 사이 입맛의 변화가 생긴 것인지 아니면 본인이 생각했던 그 맛이 아닌 것인지 모르겠다. 이런 것들이 아이를 키우면서 어려운 일 가운데 하나이다.

얼마 전에는 아이가 먹는 것으로 스트레스를 받았는지 본인이 먹는 것에 대하여 노코멘트해 달라고 정중히 요청을 하기도 했다. 이제 아이가 자기 입에 들어가는 것에 대한 자기 결정권을 요청하는 나이가 된 것인가? 어느덧 커 가는 아이의 모습을 보면 놀라면서도 내 입에서 나오는 말은…

'라떼는 말이야.'

나는 남자 형제만 있는 집에서 자라왔고 어머니와 속 깊은 대화를 많이 나누지 않아서 딸아이와 대화를 나누는 것이 어려웠다. 아이는 대화 도중에 갑자기 짜증을 내기도 하고 눈물을 쏟기도 한다. 내가 전혀 예상할 수 없는 순간에 말이다.

최근에 배우기 시작한 세 자리 수 뺄셈과 곱하기 나누기가 어려운지 수학 숙제를 할 때는 꼭 짜증을 낸다. 아이의 기분을 최대한 거슬리게 하지 않고 숙제를 끝내는 게 나의 큰 미션이다. 풀기 싫은 숙제를 하게 하는데 내가 마냥 도와줄 수는 없기에 아이의 기분을 살피면서 봐 줘야 한다. 딱딱한 의자에 앉아서 머리 복잡한 수학을 푸는 것보다 동영상을 보면서 아무 생각 없이 웃을 때가 더 편하다는 것을 이미 알아 버린 아이들이기 때문에 고난도의 전쟁이 발발한다. 숙제에 대한 약속과 그 약속을 지켰을 때의 보상을 정확히 통제해야 하는데 그게 말처럼 쉽지만은 않다. 시시각각 변하는 아이의 심리와 상태를 잘 헤아려야 한다. 남자의 단순한 심리와 정서만을 알고 살아오다가 복잡다단한 여자아이의 마음을 읽어 내는 것이 어렵다고 느끼고 있다.

아이의 커 가는 모습이 사랑스럽고 성장 과정에서 생기는 여러 추억을 마음에 담아 두고 살아가고 있다. 때로는 아이를 양육하는 시간이 힘들어서 이 시간이 지나기만을 기다릴 때도 있다. 전형적인 남자인 나로서는 아이 양육이 하나의 미션으로 생각이 되고 이것을 성공적으로 완수해야 할 숙제와 같이 생각된다. 하지만 와이프는 아이의 양육 과정도 하나의 정서적인 교류로 생각한다. 아이와의 갈등도 아이의 커 가는 과정이고 그 과정이 힘들더라도 완수하려 하지 말고 그 안에서 과정의 즐거움을 찾으라고 한다.

성과 지향의 남자와 과정 중심 여자의 불편한 동거이다. 하지만 곰곰이 생각할수록 와이프의 말이 옳다는 생각을 한다. 공부 잘하고 사회적으로 인정받는 아이를 키웠다고 하지만 정작 아이와의 관계가 건강하지 못하다면 아이의 학업이나 사회적인 지위가 무슨 소용이 있을까 하는 생각이다. 아이를 키우는 과정도 내가 살아나가는 하루하루 안에 녹아 있고 그 과정을 즐겁게 생각하지 않으면 나의 하루하루도 즐겁지 않을 것이기 때문이다. 아이와의 갈등 또한 풀어야 할 숙제로 접근하기보다는 그 과정을 통해 아이와 부모 모두 성장하는 과정이라고 생각하자 좋은 답을 찾기 위해 노력을 하는 것을 잊으면 안 되지만 꼭 정답을 맞추어야 하는 수학 문제처럼은 생각하지 말자고 다짐하게 되었다. 한 아이를 키우는 데 마을 전체가 필요하다는 옛말이 허투루된 말이 아니구나 매일매일 실감하면서 살고 있다.

그래도 이런 공부는 해 볼 만한 가치가 있다고 생각한다. 이 공부는 또 쉽게 끝나지 않을 수도 있다. 아이가 커 가면서 또 다른 수준의 어려움이 생길 것이다

그때마다 우린 답을 찾을 것이다. 늘 그랬듯이.

-영화 <인터스텔라> 중에서

아이가 자라면서 새롭게 생긴 어려움에 있다. 바로 스마트폰이다.

세상이 날로 발전해서 스마트폰을 이미 초등학교 입학하면서 사 주었다. 아이가 혼자 학교나 학원을 오가는 경우가 가끔 있는데 안전을 위해 GPS 기능이 있는 스마트폰을 살 수밖에 없었다. 나는 이 결정을 매일 후회하고 있는데 바로 이 스마트 기기로 아이와 매일 싸우기 때문이다. 누군가는 어릴 때 스마트 기기를 사주면 안 된다고 교육적으로 좋지 않고 아이 뇌 발달에 방해가 된다고 한다. 맞다. 그 말은 천부당만부당 맞는 말이다. 하지만 나와 같이 스마트 기기를 아이에게 접하게 한 부모와 아예 그런 스마트 기기를 접하지 않게 한 부모 가운데 누가 더 스트레스 받을까? 아마도 스마트 기기를 사 준 부모가 더 스트레스를 받을 것이다. 왜냐하면 매일 스마트 기기 사용에 대하여 아이와 실랑이가 벌어지기 때문이다. 예상이 되는 고난의 길이었지만 어쩔 수 없이 선택한 것이었다. 보통의 부모라면 스마트 기기에 대한 사용 제한이 필요함을 알 것이다. 그리고 아이와의 이 싸움은 쉽게 끝나지 않을 수도 있다.

아이가 친구들 사이에서 적당한 아이가 되길 바란다. 너무 한쪽으로 치우치지 않는 사람으로 자라길 바란다. 아이의 눈으로는 모든 것이 부족한 느낌이겠지만 어른인 나의 눈으로 보면 어느 것 하나 넘치지 않은 것이 없다. 스마트폰 사용에도, 게임을 하는 시간도, 늦은 밤까지 텔레비전을 보는 것도, 만화 캐릭터에 열을 올리는 것도 말이다.

하지만 지나가는 것이라고 생각한다. 나쁘게 말하면 어느 정도의 포기. 좋게 말하면 아이도, 부모도 스트레스받지 않는 선에서 타협. 돌이켜보면 나 또한 어릴 때 그러했다. 초등학교 시절 텔레비전에 연결하는 게임기로 밤을 새기 일쑤였다. 그래도 이렇게 어엿한 어른이 된 걸 보면 아이의 지금 이 시기도 지나가는 것이라고 생각한다. 무엇보다도 아이도 부모도 너무 힘들지 않게 하는 것이 중요하다고 위안 삼고 있다.

육아 휴직을 하면서 마냥 편하게 지낼 거라고 생각했지만 집안일, 육아, 아이와의 관계 맺기 등 새롭게 주어지는 미션 모두가 어려운 것뿐이다. 이럴 거면 그냥 회사 다닐 걸 하는 후회를 하기도 했다. 그래도 이렇게 보내는 시간을 통해 가족과의 관계를 돌아보고 나 자신을 돌아보는 데 시간을 더 쓰고 있다. 돈을 주고 시간을 샀다는 생각처럼 1년간의 시간을 월급과 맞바꾼 대가를 치르고 있다.

속도보다는 방향
(휴직의 절반을 보내면서)

육아 휴직을 시작한 지 어느덧 반년이 지났다. 이제 자리가 좀 잡힌 것 같은데 벌써 2분의 1의 시간이 흘러갔다. 일할 때의 하루하루는 그렇게도 안 가더니 휴직하고의 한 주, 한 달은 쏜살같이 달려간다. 회사 다닐 때 월요일부터 금요일까지는 느릿느릿 흘러가지만 주말은 눈 깜짝할 사이에 지나가는 것과 같다. 휴직하는 기간 동안 시간의 밀도가 더 높아져서 그런가하고 자기 위안을 해 본다. 직장에 다닐 때는 일한다고, 돈 번다고 쉬는 시간은 칼같이 챙겨서 쉬었다. 주말도 어지간해선 자유롭게 시간을 보내는 편이었다. 그런데 휴직을 하고 나서는 쉬는 시간도 아까운 생각이 든다. 그만큼 해야 할 일들이 많고 그 일들이 내 욕심에 맞춰지다 보니 내가 좀 더 빠르게 할 수 있으면, 혹은 같은 시간을 들여서 좀 더 좋은 결과를 낼 수 있다면 그렇게 하고 싶다. 시간이 지나면 끝나는 일이 아니라 내 마음에 들어야 끝나는 일인 것이다. 내 하루의 시간을 내 판단과 주관에 따라 계획하고 사용하고 있다.

일의 주도권이 나에게 있고, 시간의 주도권이 나에게 있다는 것이 직장에 다닐 때와 완전히 반대되는 지점이다. 그것으로 인해 내가 시간을 대하거나 일을 대하는 태도가 달라졌다.

무언가를 할 때 생각 없이 시간이 흘러가서 시간에 맞추어 일을 하는 것이 아니라, 고도로 집중하고 의식을 잡아 가면서 시간 관리하고 중요도와 우선순위에 따라 일을 해 나가는 것으로 바뀌었다. 불필요한 잡무를 줄이고 자동화 시스템으로 돌릴 수 있는 일들은 돌리면서 좀 더 일의 본질에 다가가는 것으로 말이다. 직장 밖에서 하는 일이나 만나는 사람은 내가 정말 좋아서 하는 일, 내가 좋아하는 사람인 것과 같은 이치다.

6개월간 내가 한 일들은 아래와 같다.

- 실내건축기능사 자격증 취득(필기, 실기 합격)
- 고시원 사업 알아보고 계약까지 했지만 계약 해지로 금전적 손해
- 가족 모두 코로나 확진으로 건강의 중요성, 활동의 중요성 다시 되새김
- 일 만 보 걷기 모임에 소속되어 같이 실행
- 문화기획자 과정 수료
- 브런치 작가 신청 3회(3회 모두 탈락)
- 브런치 공동 집필 프로젝트 시작

- 가족과 첫 카라반 캠핑(강화캠핑파크)
- 대구 여행, 전라도 여행
- 딸아이와 엄마 없이 단둘이 일주일간 생활하기
- 공유 오피스 입주
- 내 이름으로 된 책 쓰기

휴직을 하면서 계획했던 것들의 70% 정도는 했거나 하고 있는 중이다. 오로지 내 개인의 욕심과 호기심으로 시작한 일들에 대하여 다행히 와이프도 응원해 주고 있어 고마운 마음뿐이다. 남자 육아 휴직자로 생활하면서 평소라면 볼 수 없고 느낄 수 없는 것들을 체감하면서 생활하고 있다. 아이의 커 가는 일상에 아빠가 함께 있다는 것. 기한이 정해진 일상이지만 그 시간들로 인해 아이가 마음을 열어 주는 것이 느껴진다. 덕분에 와이프 없이 아이와 단둘이 일주일의 시간을 보낸 것도 아이가 대견하고 고맙다. 그 시간이 아이에게도 도전이었을 테지만 또 잊지 못할 추억이 될 것이다. 그 작은 발걸음으로 그다음 발걸음을 준비해 볼수도 있을 것이다. 휴직이 끝나기 전에 아이와 단둘이 여행을 가려고 한다. 이때가 아니면 해볼 엄두를 낼 수 없을 것이다. 와이프가 좀 더 자기만의 시간에 집중할 수 있도록 해 주고 싶기도 하다. 가족 구성원 세 명 모두에게 득이 되는 일이 될 것이라 믿고 있다.

복직 이후 계속하고 싶은 일들

어느 시점이 되면 나는 다시 회사라는 곳으로 돌아갈 것이다. 지금의 이 시간을 그리워하면서 바쁜 일상을 다시 살게 되겠지.

휴직 기간에 배운 것들을 잃어버리지 않게 계속 하고 싶은 것이 몇 가지 있다. 글을 쓰는 것이 첫 번째이고 매일 만 보를 걷는 것이 두 번째이다. 마지막으로는 세상은 넓고 내가 못 가 본 곳은 많다. 그 낯선 곳을 가족과 함께 꾸준히 여행하려고 한다. 언제까지 회사 인간으로만 살 수는 없으니 꾸준히 그다음 기회로 생각한 인테리어업에 대하여도 경험과 공부를 계속 하려 한다.

『퇴사보다 휴직』을 쓴 최호진 작가와 최근에 알게 되어 몇 차례 연락하고 만나면서 교류하고 있다. 나와 같은 나이대로 비슷한 고민과 비슷한 시기를 보내고 있다고 한다. 나보다 좀 더 먼저 휴직과 퇴사를 거치면서 자기가 진정으로 원하는 삶에 대하여 한 걸음 다가선 선배이기도 하다. 최호진 작가도 1년간의 육아 휴직으로 자기 발견을 하고 두 아들의 아빠로서 소중한 시간을 보내고 다시 회사로 복직을 했다. 그 이후 자신만의 무기를 좀 더 가다듬어 퇴사를 하여 1인 기업가로서 사람들의 자기 발견과 개발을 도와주는 일을 하고 있다. 그의 행로를 보면서 나 또한 내가 어떤 사람인지, 나에 대한 파악과 그것을 기반으로 내가 어떻게 살아가야 할까 그 길을 모색해 보고 있다. 그런 시간을 충분히 가질 수 있는 휴직이라는 시간이 나에게 온 것에 감사하면서 하루

하루를 보내고 있다. 내가 지나온 시간을 돌아보고 앞으로 살아갈 계획을 세워 보는 데 있어 이런 기회가 있다는 것이 감사할 따름이다.

긴 인생이라고 생각했는데 1년이 이렇게나 금방 지나간다고 생각하니 인생이 순식간에 흘러가는 것 같은 느낌도 든다. 지나간 시간을 되돌아보니 이런저런 것들을 하고 느끼면서 6개월을 보낸 것 같아 뿌듯하고 나를 칭찬하고 싶다.

인생에 있어서는 누가 먼저 도착하느냐의 속도의 문제가 아니라 방향의 문제라는 생각을 휴직 기간 동안 계속 생각하고 있다. 내가 도달하고자 하는 어느 곳에 빠르게 도달한다고 해도 그 과정이 즐겁지 않다면 그만큼의 시기를 잃어버린 것 아닌가 하는 생각이 들었다. 인생이라는 긴 마라톤에서 목표를 가지고 사는 것은 좋지만 그 목표에만 도달을 위해 빠르게 자신을 소모하는 것은 오히려 인생의 소중한 시간을 낭비하는 게 아닐까 생각한다. 어떤 시간이라도 그 안에서 가치 있는 것을 발견하고 그 가치를 소중한 사람들과 나누면서 과정을 사랑하는 자세를 유지할 것. 그런 자세를 계속 유지하기 위해 체력을 꾸준히 좋게 유지할 것. 그것이 휴직 기간을 통해 내가 배운 것이다.

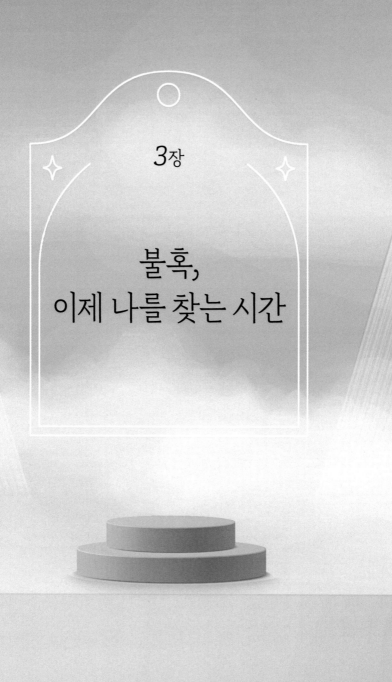

3장

불혹,
이제 나를 찾는 시간

❶
만약에…
(만약 결혼을 하지 않고 아이를 낳지 않았다면)

인생에 '만약에'라는 가정문처럼 의미 없는 말이 있을까? 만약에 ○○했었더라면…. '만약에'와 쌍벽을 이루는 '걸무새'(할걸, 살걸, 팔걸, 말걸 등등+앵무새: 과거의 선택들을 돌아보며 그때 '~걸'을 반복적으로 후회하는 사람을 빗대어 생긴 신조어)라는 말도 있다고 하니 과거에 사로잡혀 사는 사람들의 심리를 잘 보여 주고 있는 것 같다.

한 번 흘러간 시간을 무슨 수를 써도 돌아오지 않는다. 매일 같은 24시간이 주어지지만 같은 해는 단 한 번도 뜨지 않는다. 그럼에도 불구하고 뒤를 돌아보고 싶은 마음이 든다. 과거의 내가 한 작은 선택들이 옳았는지 돌이켜 보면서 내 앞에 놓일 새로운 선택을 잘하고 싶다.

훗날에, 훗날에 나는 어디선가, 한숨을 쉬며 이야기할 것입니다.
숲속에 두 갈래 길이 있었다고, 나는 사람이 적게 간 길을 택

하였다고

그리고 그것 때문에, 모든 것이 달라졌다고.

-로버트 프로스트, 『가지 않은 길』 중에서

현재의 나는 수많은 선택지 사이에서 과거의 내가 그동안 선택한 것들의 총합이자 그 결과이다. 어떤 선택은 그것이 이렇게까지 큰 선택인지 당시는 알지 못하고 한 선택도 있다. 대입도 그러했고, 취업도 그러했고, 결혼도 그러했다. 생각해 보면 인생의 중요한 선택들이 각고의 고민으로 했다기보다는 그때의 상황에 맞추어 한 선택들이었던 것 같다.

그럼에도 '만약'을 가정해 보는 이유는 내가 어떤 사람인지 알아보고 싶어서이다. 내가 현재 가지고 있는 조건들이 아니라면 내가 어떤 삶을 살고 있을지를 상상해 보면서 내가 앞으로 해 나갈 선택에 대하여 좀 더 고민해 볼 수 있지 않을까?

만약 지금의 전공을 선택하지 않았다면

내가 경영학을 전공한 것은 순전히 과학을 중심으로 한 이과 과목이 싫었기 때문이다. 고등학생 때 재미있게 잘 가르쳐 주던 국어 선생님과 영어 선생님이 있었는데 과학만은 재미있게 알려 주는 선생님이 없었다. 그것이 내가 이과를 가지 않고 문과를 선택한 결정적인 계기였다. 그리고 문과에서도 대학 입시 때 경영학부를 선택한 것은 수능 점수에 맞추어 한 선택이었다. 당시는 인터넷도 없던 시대였기 때문에 어디에 물어볼 생각도 못 하고 학부를 선택했다. 남자라면 가장 일반적인 걸 배울 수 있는 게 경영학부가 아닐까 하는 생각이었다. 2년간 학부 생활을 하고 3학년이 되면 전공을 선택해야 하는데 내가 조직 전략 인사 관리를 전공한 이유는 다름 아닌 나의 게으른 심성 때문이었다.

3학년이 되어서 전공을 배우려면 이미 2학년 때부터 전공에 필요한 점수를 만들어 놨어야 했다. 하지만 나는 그런 것과는 거리가 먼 학교 생활을 했다. 학부 생활보다는 영화 동아리에 더 목을 매고 생활을 하다 보니 내가 원하는 전공을 선택하기 위해선 어느 점수를 만들어야 한다는 그런 정보를 얻을 수도 없었다. 군제대 이후 스노보드에 빠져서 겨울이면 스키장에서 시즌방 생활을 하기도 했다. 그래서 결국 미달이 난 조직 전략 인사 관리 전공을 자동 배정받게 되었다. 예나 지금이나 좀 더 날카로운 것이 쓰임이 좋다. 금융 전공이나 마케팅 전공은 전공 공부가 어렵기는 해도 취업에는 더 유리했다. 그래서 많은 학생이 먼저 선택하는 전공이었다. 조직 전략 인사 관리는 이름에서부터 알 수 있듯이 이런저런 것을 한데 모아 가르치는 전공이었다. (물론 나는 비자발적으로 전공을 선택했지만 그런 전공을 좋아하고 많은 것을 배웠다.) 이런저런 이유로 선택당한 전공으로 인해 지금의 인사팀 일을 하고 있는 것이다.

'만약 지금의 전공을 선택하지 않았다면', 나는 금융권에서 일하고 있지 않을까 생각한다. 어려서부터 돈에 대한 관심이 많았다. 그리고 숫자가 주는 안정감을 좋아했다. 답이 정확하게 떨어지는 부분이 나의 성향과 잘 맞는다. 대학 동기들처럼 은행이나 증권 회사에 입사해서 열심히 커리어를 쌓다가 4년이 지나서 그만두고 이런저런 길을 걷다가 지금 이 자리에서 똑같이 글을 쓰고 있지 않을까 생각해 본다.

만약 내가 결혼을 안 했다면

내 개인적인 자랑을 한 가지 하자면 나는 성인이 되고 결혼 전까지 연애를 쉼 없이 했었다. 내 외모가 뛰어나거나 내 능력이 뛰어났던 것은 아니었다. 나는 보통의 남자였고 너무 좋아 미칠 것 같은 여자들보다는 보통의 여자들과 만나 연애를 했다. 쉽게 말해 누울 자리를 보고 다리를 뻗는 스타일이었다.

만나서 연애하던 여자들의, 소위 나에 대한 후기를 들어보면 나는 '연애하기 좋은 남자'였다고 한다. 보통의 외모지만 꾸미는 것을 좋아해서 잘 차려입고 다니는 편이었다. 중고등학교 시절 일본 남성 패션 잡지를 사러 매월 명동을 방문할 만큼 패션에 관심이 많았다. 깔끔하면서도 상대방을 편하게 해 주는 쿨한 성격을 지니고 있었다. 여자를 든든하게 지켜 주는 상남자 스타일이라기보다는 즐거운 친구 같은, 귀여운 구석이 있었다고 한다. 문학이나 영화를 좋아하고 맛집이나 분위기 좋은 카페를 좋아하는 여성적인 취향도 잘 맞춰 주는 스타일이었다. 그러다 보니 결혼은 모르겠으나 연애하면서 놀기 적당한 남자였다는 것이 전체적인 평가였다. 그도 그럴 것이 이십대 후반까지도 뭔가를 진득하게 하질 않았다. 공부나 일을 위해 몰두하느라 바쁜 남자는 절대 아니었던 것이다. 돈은 많지 않았으나 시간은 많았던, 그리고 그 많은 시간을 여자 꽁무니를 쫓아다니던 것이 그 당시의 나였다.

그래서 결혼을 아주 늦게 할 거라고 내심 생각했다. 일단 남들 눈에 번듯한 것이 없었다. 번듯한 직장이 있던 것도 아니었고 (일본 의류 브랜드 매장 점장을 하고 있었으나 남들 눈에는 옷 가게에서 일하는 사람 정도로 보였을 것이다.) 번듯한 내 집이 있던 것도 아니었고 번듯한 차가 있던 것도 아니었다.

그리고 영화에 미쳐 남들보다 군대도 늦게 가고 호주에서 워킹홀리데이를 한다고 졸업도 동기들보다 늦게 했다. 늦은 만큼 좋은 곳에 취업하지도 않았고 그마저도 몇 년 다니다가 그만두고 세계여행을 하고 돌아왔다. 지금의 와이프가 아니었으면 나는 아마도 결혼을 아주 늦게 했을 것 같다. 초등학교 동창 녀석들 중 절반은 아직도 미혼인 것을 보면 나도 그 축에 끼지 않았을까 조심스럽게 예측해 본다.

나의 상황이 그러한 것도 있지만 내 성격도 결혼과는 거리가 멀었다. 나의 자유로움이 더 중요하고 남들 시선보다도 내 자신의 시간이 더 중요했다. 이기적인 구석이 있어서 남들 신경 쓰면서 공동체로 생활하는 것을 힘들어했다. 책임지는 상황이 싫었고 유목민처럼 떠돌이 인생을 살고 싶었다.

어느 순간 잠에서 깨어 보니 결혼이라는 것을 했고 그것이 벌써 10년도 훨씬 지난 일이라는 것이 지금의 내 상황이다. 그렇다고 이 상황이 싫은 것은 아니다. 오히려 나에게 과분한 복을 받았다고 생각한다. 내가 그동안 나만 생각하면서 이기적으로 살았는데도 불구하고 좋은 가정을 이루고 이렇게 잘 살고 있으니 말이다. 그리고 보면 나는 정말 운이 좋은 놈인 것 같다.

만약 아이를 안 낳았다면

결혼과 자녀를 키우는 것은 완전히 별개의 일이다. 아이를 낳아 키우는 것은 새로운 세상이 열리는 것이다. 결혼도 당황스러운 상황들이 많기는 하지만 어느 정도 예측 가능한 수준에서 크게 벗어나지 않았다. 하지만 아이를 낳아 키우는 것은 내가 전혀 예상하지 못했던 일들의 연속이고 예상했다손 치더라도 항상 처음뿐인 것들이다.

마흔이 넘은 나이지만 아직도 매일매일 무럭무럭 자라고 있다. 나의 아이가 자라는 것만큼이나 나 또한 한 사람의 인간을 통째로 배우고 있다고 생각한다.

두말할 나위 없이 아이를 진심으로 사랑한다. 내가 아이를 낳고 계속 생각했던 것은 '깔때기론'이다. 큰 물줄기가 깔때기에 모여 작은 물방울이 된 것처럼 지금의 딸아이를 만나기까지 내가 있었고 그 전에 나의 부모가 만난 것이었고 나의 조부모가 만난 것이었다. 수많은 역사와 위대한 모든 것이 모여 딸아이라는 존재를 만든 것이다. 다시 말해, 딸아이라는 존재를 만들기 위해 그 많고 긴 역사가 이뤄진 것이 아닐까 하는 생각이다. 딸아이라는 존재를 위해 역사의 모든 것이 한 치의 오차도 없이 딱딱 맞아떨어져서 딸아이까지 도달된 것 같은 느낌 말이다.

그래서 '만약 아이를 낳지 않았다면'이라는 가정은 성립이 안되는 문장이 되어 버렸다. 내가 태어난 것조차 딸아이를 낳기 위한 것이었으니 말이다.

나는 선택에 있어서 위험 회피가 강하다. 그 말은 반대로 위험하지 않다면 해 볼만 하다는 것이다. 일단 저지르고 보자는 주의가 강하다. 그래서 지금의 어딘가 2% 부족한 나를, 어딘가 2% 과잉인 나를 만들지 않았나 한다.

하지만 이미 일어난 벌어진 일에 대하여는 긍정적으로 바라보고 그 안에서 해결책을 찾고자 한다. 앞으로의 선택은 어떨까?

점점 선택지가 적어지는 느낌이 든 것은 마흔이 되고부터다. 20대 때는 나의 미래를 가늠해 볼 수도 없을 정도로 무한한 가능성 안에서 살았다면 마흔이 되고부터는 내 인생의 끝이 어느 정도 예측 가능한 수준이 되었다. 여기서 더 안 좋아지지도, 여기서 아주 드라마틱하게 좋아지지도 않을 것 같다는 생각이다. 어딘지 모르게 섭섭한 기분이 든다. 그래서 마흔이 되고부터 작은 시도를 해 보고 있다.

내가 가 보지 못한 길에 대한 상상을 해 보고 그 길로 걸어갈 수는 없지만 그 길에 뭐가 있나 천천히 시간을 내어 고개를 빼꼼 내고 탐색해 보고 있다. 혹시나 내가 걸어갈 길에 작은 샛길이 있지는 않은지 천천히 걷고 있다. 그 길에서 나에게 올 수도 있을 행운을 내가 놓치지 않게 앞뒤를 둘러보고 있다.

돌아보면 중요한 결정을 할 때는 남들이 갔던 큰 길을 가기보다는 나에게 더 끌리는 작은 길로 가는 걸 선택했다. 이성적으로 계산을 하면서 판단하기 보다는 마음이 왠지 더 편안한 것을, 마음이 더 설레는 것을 골랐다.

그렇게 선택한 길을 걷다 보면 걸으면서도 흔들린다. 마흔이 되어서도 여전히 흔들린다. 내가 선택한 길이 나에게 더 좋은 선택이었는지, 다른 사람들의 말에 휘둘리기도 한다.

나만의 중심을 잡는 것을 터득해 나갈 필요가 있다. 보장된 미래라는 것이 있을까? 나의 노력과 실력과 타이밍과 운의 모든 것이 맞아야 좋은 결과가 나오는 것이고 그 결과가 설령 안 좋았다고 해도 시간이 지나 보면 결과적으로 그것이 나에게 득이 되는 경험도 해 보았다.

선택과 경험을 통해 나는 아직도 배우고 있다. 내가 가지 않았던 혹은 가지 못했던 길에 집착하고 아쉬워하기보다는 내가 지금 걷고 있는 길에 집중하고 거기서 무언가 얻기를 노력하고 있다. 내가 지금 앉아 있는 곳은 누군가가 그토록 바라던 자리이기도 할 것이니까.

> 앉은 자리가 꽃자리니라
> 네가 시방 가시방석처럼 여기는
> 너의 앉은 그 자리가
> 바로 꽃자리니라
>
> ─구상, 「꽃자리」.

❷ 은퇴 이후를 생각하면?

나는 몇 살까지 살 수 있을까?

나의 두 아버지(아버지와 장인어른)는 이른 나이에 돌아가셨다. 기술은 발달하고 세상은 더 살기 편해지고 있다. 이제 인류가 치료하지 못하는 불치병이 하나둘씩 사라지고 있다. 2017년, 우리나라는 인구의 14%가 65세 이상인 고령 사회에 진입했다. 2019년 11월, 주민 등록 인구 통계상 100세 이상 인구가 2만 명을 넘어섰다.

100세 시대라는 말이 있다. 그렇다면 나는 60년 가까이 남은 수명을 어떻게 보내야 할까? 미성년일 때의 20년은 부모와 사회가 정해 놓은 길에 맞추어 걸어왔다. 그리고 그 이후의 20년 정도를 내 의지대로 살아오고 있는 것 같다. 앞으로 남은 60년도 나의 선택과 의지대로 살아갈 날들이다.

수명은 늘었지만 오래 사는 것이 축복과 행복만은 아닌 시대이다. 경제적으로 준비되지 않은 은퇴는 노후 빈곤과 노후 불행의 원인이 된다. 활력 없는 은퇴 생활은 보람과 의미 없는 삶으로 연결된다. 건강하지 않은 수명 연장은 재앙이 될 수 있다. 경제적으로 안정된 상태에서 건강하게 일을 하면서 살아야 한다. 그러기 위해서는 40대인 지금부터 철저하게 준비를 해야 한다. 노후를 준비한 기간에 비례해서 행복한 노후를 보낼 수 있다.

나는 지금 은퇴 이후의 생활에 대한 미리 간접 체험을 하고 있다. 바로 육아 휴직 1년을 사용 중인데, 지금의 이런 상황이 은퇴 이후에도 벌어지지 않을까 한다.

시간은 있지만 딱히 해야 할 일은 없는 상태, 경제적으로 많이 부족하지는 않지만 그렇다고 넉넉하지도 않은 최저 생계비 정도의 생활비. 그래서 한없이 불안하고 그 불안으로 인해 자신감 있게 다음 단계로 넘어가지 못하는 재정 상태. 건강한 몸에 대하여 필요성은 느끼지만 지금 어디 아픈 구석은 없어서 운동에 절박함이 수시로 사라지는 상태. 가족과 몇몇의 친구들은 있지만 사회적으로 서로 소통하고 도움을 줄 수 있는 친구는 없는 상태.

이렇게 적어 놓고 보니 나의 은퇴 준비는 아주 낮은 수준으로 보인다. 이 상태라면 은퇴 이후의 삶이 눈에 훤하다. 은퇴 이후 일이 없어 활기를 잃고 더 빨리 늙게 되는 수순이 되지 않을까 생각한다. 건강과 경제적인 부분도 너무 기본이고 중요한 부분이지만 여기서는 일에 대한 부분 먼저 생각해 보려 한다.

일. 일이라는 것이 경제적인 측면으로도 중요하지만 한 사람이 사회 안에서 관계를 맺고 상호작용을 한다는 측면에서 어떤 것이든 필수적이라고 생각한다. 내가 어느 조직에 소속되어서 공통의 목적을 달성해 나가는 과정이 필요하고 그 과정을 통해 사회 구성원으로서 기여하고 있다는 느낌이 인간으로서의 자존감을 높여 줄 수 있다.

평균 은퇴 나이인 60에 은퇴한다고 했을 때 은퇴 이후도 30년 이상의 시간이 있는 것이다. 어찌 보면 대학을 졸업하고 은퇴 전까지 한창 일하는 시간과 은퇴 이후의 시간이 엇비슷한 것이다. 그래서 은퇴 이후 취미 생활과 여가 활동만으로 보내기엔 너무 긴 시간이 부담스럽기도 하다. 또 예전보다 건강하고 활기 있는 노인이 많기 때문에 은퇴의 시간을 훨씬 더 뒤로 미뤄야 한다. 즉, 60이 넘어서도 왕성하게 할 수 있는 일을 지금부터 미리 계획하고 준비해야 한다는 것이다. 60 이전의 일이 사회적 욕망이나 생계를 위한 일이었다면 은퇴 후의 일은 성취감이나 자기만족이 더 중요하다. 사회 구성원으로서 소속감을 계속 느끼면서 인생의 전반전에서 얻은 삶의 지혜와 통찰을 활용할 수 있는 일을 찾는 것이 내가 가장 바라는 노후의 일이다.

하지만 선배들을 보면 준비된 노후를 보내는 이가 많지 않은 것이 사실이다. 오랜 직장 생활로 인해 연금 등으로 경제적으로 안정되었다고 하더라도 은퇴 이후에도 왕성하게 일을 하는 선배가 별로 없다. 그래서 은퇴 이후 두문불출하며 연락이 잘 안 되는 케이스가 된다. 남아도는 시간을 주체하지 못하고 간간이 등산 다니고 집 앞 공원을 산책하는 것으로 소일하는 것이다.

내가 바라는 노후의 일은 위에서 잠깐 언급한 대로 내가 잘하는 분야에 대하여 현역으로 일하는 것이다. 그리고 나의 경험이나 인사이트를 타인을 위해 나누는 것이다. 그러기 위해서는 나의 전문 분야가 확실해야 한다. 지금의 회사가 운이 좋게도 계속 운영을 하여서 내가 60까지는 다닐 수 있다고 하더라도 정년 이후에 할 수 있는 일에 대하여 미리 계획하여야 한다. 지금 내가 공을 들이고 있는 분야는 두 가지이다.

첫 번째가 인테리어업이다. 소득 3만 불이 넘어가면 사람들이 의식주 중에 주(主)에 신경을 쓰기 시작한다고 한다. 의(衣)와 식(食)을 넘어서서 머무르는 공간에 대한 욕구가 생긴다는 것이다. 최근 코로나가 장기화되면서 사람들이 집에 머무르는 시간이 늘어나고 '공간'에 대한 관심도 커지고 있는 실정이다. 노후 주택이 급속도로 늘고 있지만 부동산 정책과 공사 단가의 급격한 상승으로 신규 주택의 보급이 수요를 따라가지 못하고 있다. 대한건설정책연구소에서 발표한 자료에 따르면 2022년 인테리어 산업 시장 규모가 25조 원에 달하는 것으로 추산하고 있다. 그러다 보니 건축 자재 기업들도 인테리어 사업에 속속 진입하고 있다. 공간에 대한 눈높이가 한 번 올라간 사람은 그 아래로 내려오기 힘든 법이다. 음식은 이것저것 여러 식당을 다니면서 먹을 수 있지만 집이라는 공간은 한 번 올라가면 내려오기 쉽지 않은 특성이 있다보니 공간에 대한 업그레이드 욕구는 날이 갈수록 증가하고 있다. 내가 직장을 다니면서 인테리어 공부를 하고 있는 이유가 바로 그것이다. 작년부터 인테리어 학원을 다니면서 실무와 자격증 공부를 두루 하고 있다.

공부를 하면서 느끼는 것은 인테리어 사업이 경쟁이 치열하고 전문적인 공정에 대한 공부도 많이 필요하다는 것이다. 뿐만 아니라 공간에 대한 트렌드를 계속 파악해야 한다. 쉽게 진입할 수 있는 분야가 아니라는 생각이 점점 커지고 있다. 그래서 앞으로 몇 년간은 인테리어에 대한 공부를 꾸준히 해서 전문 인테리어 사업자가 되는 것이 당면한 과제이다. 차근차근 준비된 전문성은 든든한 노후의 일자리로 보답할 것이라는 생각이다.

두 번째는 책 쓰기이다. 배움이라는 것의 가장 확실한 방법은 내가 알고 있는 지식을 다른 이에게 알려 주는 것이라고 생각한다. 배우는 사람보다 가르쳐 주는 사람이 더 많은 것을 배운다. 내가 알고 있는 것을 타인이 이해할 수 있게 말과 행동으로 보여 주기 위해선 확실히 알아야 한다. 그래서 책을 쓰려는 것이다. 내가 막연히 이러할 것이다 알고 있는 내용을 정확한 언어와 구조로 만들어서 책이라는 매체를 통해 정리하면 무엇보다도 나에게 큰 배움의 과정이 될 것이다. 그리고 그런 책을 통해 타인에게 도움이 되고 그런 것이 모여서 나라는 사람의 브랜딩이 될 수 있을 것이라고 생각한다. 책을 쓰는 행위는 어떤 기술을 배운다기보다는 배우려는 자세를 가다듬는 것과 같다. 불완전하게 배우는 것이 아닌 완벽한 공부법으로서의 책 쓰기를 활용하려 한다. 그래서 무언가를 배울 때 철저하게 배우고 그것을 기록으로 축적하는 것이 필요하다. 또 기록할 때는 나보다 늦게 진입한 사람들을 위해 읽을 가치가 있는 글을 쓴다는 생각으로 쓰고 있다.

이미 은퇴했거나 지금 은퇴를 앞두고 있는 선배들은 하나의 기술과 직업으로 평생을 버틸 수 있었다. 그것만으로도 생계가 가능했던 시대였다. 하지만 앞으로 내가 살아갈 세상은 하나의 기술과 직업으로는 긴긴 은퇴 이후의 시간을 버틸 수가 없다. 복수의 기술과 직업을 자유롭게 넘나들고 그 안에서 새로운 기회를 발굴해야 한다. 직업의 정의도 남이 내려 주는 것이 아닌 자기가 가치를 부여할 수 있어야 한다. 은퇴 이후 어떤 일을 할 수 있을까 고민하고 그 일을 차근차근 준비하는 사람만이 더 길게 건강하게 살 수 있을 것이다.

❸ 무엇부터 해야 할까

자녀에게 물고기를 잡아 주지 말고 물고기 잡는 방법을 알려 줘야 한다는 말이 있다. 고민이나 노력 없이 쉽게 얻어진 것은 그만큼 쉽게 잊히고 본인이 스스로 고민하고 노력해서 얻은 것일 때 그 의미가 더 크다는 말이다. 마흔이 넘은 나이지만 일상생활에서 여전히 고군분투하고 있고 매일매일 배워 가며 자라는 느낌은 어쩔 수 없는 것 같다. 이런 나도 쉽게 물고기를 얻으려기보다는 잡는 법을 터득하는 게 맞다는 생각을 하고 있다.

사는 게 피곤하고 지칠 때는 물고기 잡는 법을 익히려기보다는 누군가가 잡아 놓은 물고기를 쉽게 사려고 하는 내 자신을 볼 때가 있다. 이 나이를 먹으면 새롭게 무언가를 배운다는 것이 모양 빠져 보일 수도 있고 그것 말고도 세상에 신경 쓸 일이 한두 가지가 아닌데 하면서 애써 쉽게 가려는 내 자신을 발견한다. 'Easy come, easy go.' 쉽게 얻은 것은 쉽게 간다. 그래서 오늘도 한 발 한 발 손수 배우고 익히고 쉽게 얻지 않기 위해 노력하고 있다.

이런 배움의 노력을 하다보면 더 근본적인 질문을 할 때가 있다. '내가 물고기 잡는 법을 배울 필요가 있을까?' 하는 질문이다. 내가 바라는 모습이 어부 되기인지에 대한 고민 없이 무작정 달려들어 물고기 잡는 법을 배우다가는 쉽게 포기하고 흔들린다. 그래서 나는 무언가를 배우기 전에 이것이 진짜 나에게 필요한 것인가를 오랜 시간 고민한다. 이런 고민의 시간 없이 달려든 것은 조금의 어려움이 생기면 쉬이 포기하게 된다.

너무 고민만 많이 해서 몸이 무거워지는 사람도 있겠지만 나의 경우는 너무 빨리 결정하고 너무 빨리 진행하고 너무 빨리 포기하는 사례가 더 많았다. 그래서 내가 진짜로 원하는 것이 맞는지에 대한 고민의 시간과 그 생각을 숙성시키는 시간을 나에게 주는 것이 필요하다.

내가 진짜로 원하는 것이 맞는지 어떻게 알 수 있을까? 실제로 해 보지 않으면 알 수 없는 것들이 있다. 일의 본질이나 일에서 느낄 수 있는 희로애락 같은 것들이 그렇다. 인테리어업도 그렇게 시작하였다. 내가 인테리어를 처음 접해 본 것은 약 10년 전이다. 회사를 그만두고 부동산 투자를 본격적으로 하면서 인테리어의 가치를 알아 가고 있었고 그때 인테리어업을 해 보고 싶다는 생각을 했었다. 나이도 30대 초반이어서 어디서든 쉽게 불러 주는 나이였는데 인테리어 전문 업체에 하청을 받아 운영되는 회사에서 일을 시작하였다. 좀 더 정확히 말하면 화장실 철거, 폐기물 처리, 화장실 세팅이 주 업무였던 회사였다.

한 현장에 도착하면 대표가 현장에서의 업무를 빠르게 파악하고 두 명의 조수(그중 한 명은 나다.)에게 업무를 분담시키는 시스템이었다. 한 현장에 화장실 1개이면 거의 1시간 안에 모든 작업이 끝나는 수준이었다. 하루에 3~4개의 현장을 돌면서 작업을 했다. 내 업무는 간단했다. 두 명의 사수가 부숴 놓은 화장실 폐기물(도기, 타일 등)을 작게 부숴서 마대에 담아 화물차에 옮기는 일이었다.

이때 중요한 것은 다치지 않게 조심하는 것인데 도기나 타일이 깨지면서 날카로운 부분이 많아지기 때문에 마대에 담더라도 굉장히 위험한 경우가 많기 때문이다. 또 한 가지는 금속으로 된 폐기물은 따로 담아야 한다는 것이다. 고물상에 돈을 받고 팔 수 있기 때문인데 수전이 주로 거기에 해당했다. 이렇게 한곳의 업무가 끝나면 보통 옷과 몸이 엉망이 되는 일이 태반이다. 땀과 먼지에 옷과 얼굴이 더러워지고 오물 등이 옷에 묻는 경우도 있다. 무거운 폐기물을 옮길 때는 몸으로 들기 때문에 어쩔 수 없는 경우도 많다. 일이 힘들고 더러워서 그런지 일하는 분들의 스타일도 거칠었다. 그래서 보통 소비자와 대면하는 일은 없었는데 내가 생각했던 인테리어 전문가의 길과는 차이가 있어 보여서 오래

하지 않고 일을 그만두었다. 그때 내가 느낀 것은 뭔가 전문적인 지식이나 기술을 배워서 시작하지 않으면 오랜 시간 동안 힘들게 일을 배울 수밖에 없다는 것이었다.

그래서 그 이후 부동산 중개업을 하고 다시 회사에 들어가 일을 하면서도 틈틈이 인테리어에 관련된 것들을 학원에서 배우고 있다. 지금은 국가 공인 자격증 취득을 위해서 학원을 다니고 있다. 내가 생각하는 인테리어 업의 가장 큰 매력은 공간의 재탄생에 있다. 오래되고 낡은 공간을 깨끗한 공간으로 탈바꿈할 때의 성취감이 크다. 또 동선이나 쓰임이 좋지 않은 공간을 효율적으로 대안을 제시해 만드는 것도 그렇다. 심미적으로나 기능적으로 공간을 업그레이드하는 것이 바로 인테리어업의 매력이다.

물론 그렇게 만들기까지는 모든 공정, 현장에 다 나름의 어려움이 있다. 그래서 어려운 현장의 경우 작업자가 포기하고 도망가는 경우도 있다. 그것을 커버하는 것이 인테리어 전문가의 일이다.

회사를 다니면서 인테리어업을 할 수는 없다. 여러 가지 제약이 크다. 그래서 회사를 다니면서는 인테리어업에 필요한 지식을 배우면서 경험을 쌓는 선으로 해 나갈 계획이다.

어떤 일을 배우고 시작하는 데 정해진 길은 없는 것 같다. 누군가는 내가 하고 있는 이 길에 대하여 의문을 제기하기도 한다.

인테리어는 현장에서 배우는 것이 다이기 때문에 바로 현장에서 경험을 쌓는 것이 제일 필요하다는 사람이 그렇다. 바로 창업해서 간판 걸고 바로 현장을 맡아서 하는 것이 제일 빠른 길이라는 것이다. 물론 그 길이 힘들지만 자리를 잡는 가장 빠른 길인 것은 인정하지만 나의 상황과는 맞지 않는다. 다니고 있는 직장을 그만두고 뛰어들기엔 내가 지금 하고 있는 일에 대한 애정이 아직 크다. 무리하지 않는 선에서 차근차근 준비를 해 나가려는 게 계획이다.

책 쓰기는 인테리어보다는 지금 하고 있는 일과 병행하기 좋은 상황이다. 노트북 한 대만 있으면 그곳이 어디든 책을 쓸 수 있기 때문이다. 그렇기 때문에 육아 휴직을 하는 동안 많이 써서 쓰는 일이 몸에 익을 수 있도록 만들고 있다. 책 쓰기에는 필요한 지식이 많지 않다. 꾸준히 앉아서 쓸 수 있는 엉덩이 힘과 본인이 쓰고 있는 글에 대한 믿음 정도가 기본체력과 정신이다. 글이 나올 수 있게 평소 많이 읽고 많이 생각하는 것은 기본이다. 꾸준히 쓰다 보니 읽고 생각하는 것이 많이 필요하다는 것을 느껴 쓰기 전보다 더 많이 읽고 생각하고 있다.

지금 내가 하고 있는 것들이 내가 바라는 미래로 데려다 줄지에 대한 확신은 있다. 왜냐하면 끊임없이 내가 몸을 계속 움직이고 나를 귀찮게 하고 있기 때문이다. 대게 나에게 귀찮은 것은 나에게 도움이 된다. 운동이 그렇고 책 쓰기가 그렇고 무언가를 배우는 과정이 그렇다. 생각해 보면 나에게 좋은 것은 다 귀찮은 것들뿐이었다. 지금 귀찮지만 이런 귀찮음을 견디는 시간이 지나면 그것이 귀찮은지 어떤지 느끼지 못하는 순간이 올 것이다. 그리고 그 시간들이 나에게 큰 자산이 될 것이다. 시간을 들여 쌓아 올린 것은 쉽게 사라지지 않는다. 'Easy come, easy go!'

④ 나의 꿈 재정립하기

초등학교 시절, 장래 희망을 적는 칸에 나는 과학자, 기업가를 적어 놓았다. 내가 접할 수 있는 직업 중에 가장 멋져 보였고 대단해 보였기 때문이다. 초등학교 시절 내가 알 수 있던 직업은 20~30가지 정도였던 것 같다. 그만큼 실제 직업의 가짓수도 지금보다 적었지만 직업에 대한 정보 자체가 많지 않았다. 그래서 내가 상상할 수 있는 나의 장래 희망의 모습도 몇 가지뿐이었다. 다양한 삶의 길이 있다는 것을 알려 주는 것도 교육의 몫이라고 생각한다. 그래야만 더 다양한 자기의 미래 모습을 상상해 볼 수 있지 않을까?

고전적인 장래 희망은 20~30대에 그 일을 시작하고 40~50대에 그 직업적 성취를 이루는 것이라고 생각했다. 그리고 60살이 되면 은퇴를 하고 소일거리를 하면서 죽음을 기다리는 것. 그것이 정형화된 장래의 모습이라고 교육받고 그렇게 생각했다.

하지만 막상 어른이 되고 40년 넘게 살아 보니 어린 시절 교육받았던 장래 희망에 대한 얘기는 절반은 맞고 절반은 틀린 것을 알게 되었다. 우선 내가 모르던 직업이 내가 알고 있던 직업보다도 훨씬 많은 것을 알게 되었다. 이런 일을 해서 돈을 벌 수도 있구나 하는 일들도 있고 이 일을 하는 사람 안에서도 각자 전문 분야가 있구나 하는 것도 알게 되었다.

인테리어로 예를 들어 보면 인테리어 안에서도 수백 가지의 직업이 있다. 수많은 공정 중 단적으로 화장실이라는 공간만 보더라도 여러 직업군이 있다. 기존 화장실을 철거하는 철거업자, 아랫집으로 물이 새지 않게 방수 공사를 하는 방수 전문가, 수도 배관과 하수 배관을 정리하고 설치하는 설비 전문가, 변기와 세면대 등을 설치해 주는 세팅 전문가, 타일을 붙여 주는 타일공, 화장실 천장의 판넬을 설치하는 천장 전문공, 화장실에서 필요한 타일과 도기 등을 판매 유통하는 타일 판매업, 이런 공정을 소비자에게 일을 받아 디자인하고 공정을 스케줄링하는 인테리어 전문가가 있다.

앞을 예측하기 어려워지는 시대가 되고 있다. 이런 변화 속에서 직업이 사라지기도 하고 새로 생기기도 한다. 세상이 변하는 속도에 맞추어 직업의 수명도 짧아지고 있다. 앞으로 자율 주행이 더 상용화되면 대리기사라는 직업이 없어질 수도 있다고 한다. 그러다가 어느 순간 택시업이 사라질 수도 있다. 우리나라 산업 개발의 한 축을 담당했던 공장의 인부들이 자동화, 로봇화로 인해 많이 사라졌다. 지금은 수많은 젊은이가 일하고 있는 배달업도 신기술의 발전으로 하루아침에 그 직업이 사라질 수도 있다.

이러다 보니 내가 미래에 어떤 직업에서 일을 하고 싶다는 장래 희망이 의미가 있는가 하는 회의론도 일고 있다고 한다. 직업을 꿈꾸는 때와 막상 직업을 구할 때의 세상의 변화의 폭이 너무 커지고 있기 때문이다.

그렇더라도 내가 어떤 모습으로 살고 싶은지에 대한 고민은 꼭 필요한 과정이라고 생각한다. 내 장래 희망이 무엇인지 고민하기보다는 삶의 과정에 대한 고민이 더 중요하다고 생각한다. 마흔이 넘은 나이에도 장래 희망이 있냐고 누군가 묻는다면 나는 자신 있게 그렇다고 얘기하고 싶다.

나의 장래 희망은 글쟁이이다. 인테리어업은 근시일 내에 할 수 있는 직업이어서 장래 희망이라 표현하기엔 좀 그러하다. 여기서 내 MBTI를 공개하자면 나는 INTJ(용의주도한 전략가형)이다. 상상력이 풍부하며 철두철미한 계획을 세우는 전략가형이다. 독립적, 독창적, 분석적, 이론적, 신념, 개념, 비평적, 논리적, 완벽 추구 키워드를 가지고 있다. '꼰대'의 뼈를 때리는 저격수라는 특징이 있는데 내가 평소 싫어하는 유형이 바로 꼰대 스타일이다. 겸손이라곤 찾아볼 수 없고 자기만의 방식에 빠져서 남들의 이야기를 듣지 못하는 사람, 부끄러움을 모르고 타인에 대한 배려를 하지 못하는 사람을 싫어한다. 격의, 격식을 차리는 것을 싫어하는 부분도 내가 평소 느끼는 나의 모습이다.

추천 직업 중에 기자, 컨설턴트, 발명가 등이 있다. 사회 현상을 나의 필터로 분석해서 글을 쓰는 것을 좋아했었는데 그래서 기자라는 직업이 나와 맞다고도 생각했었다. 글을 통해 세상과 소통하고 싶은 마음이 있다. 말보다도 글이 나를 좀 더 잘 대변해 준다고 생각한다. 남들 앞에서 말하는 것보다 글로서 나를 드러내는 편이 더 편안한 기분이 든다. 그래서 나는 세상과 꾸준히 글로 소통을 하고 싶은 마음이 있고 그것을 잘 해낼 수 있는 직업이 글 쓰는 직업으로 생각된다. 그래서 나의 장래 희망은 글쟁이이다. 구체적으로 어떤 글을 쓸지는 아직 생각해 보지는 않았지만 글이라는 도구를 사용하는 사람이 되고 싶다는 생각으로 장래 희망을 글쟁이라고 명명하게 되었다.

장래 희망으로 삼으려면 꾸준히 오래 할 수 있는 일이어야 할 것이다. 글 쓰는 일이 나는 힘들거나 어렵지 않다. 물론 좋은 글을 쓰는 것과는 다른 이야기이긴 하다. 잘 쓰려면 더 고민하고 가다듬어야겠지만 일단 쓰는 시간을 채우고 쓰는 양을 채우는 게 나에게는 그리 어려운 일이 아니다. 아마도 내 성향과 잘 맞아서겠지만 가만히 앉아서 글을 쓰는 시간이 나에게 에너지를 주고 나를 가장 나답게 하는 일처럼 느껴진다. 아마 글을 쓰면서 사는 삶이 나에게는 가장 싫증 나지 않고 오래 할 수 있는 일이 아닐까 생각한다. 무엇보다도 내가 나이를 먹어서도 현역으로 뛸 수 있는 분야가 아닐까 생각도 한다.

장래 희망뿐 아니라 내가 앞으로 어떤 삶의 태도로 살아갈 것인지에 대한 지향점도 있다. 나는 배우는 사람이 되고 싶다. 사람에게서건, 책을 통해서건 항상 배우는 사람이 되고 싶다. 내 주변에 남녀노소를 불문하고 어떤 사람이든지 한 가지 이상은 배울 점이 있다고 생각한다. 나이가 들어 가도 삶에 대하여 긍정적이고 겸손한 태도를 잊지 않고 살아가고 싶다. 그래서 '안티 꼰대'로서 뼈 때리는 글들을 쓰면서 살고 싶다.

하고 싶은 일 vs 잘하는 일

"내가 잘하고 있나요?"

내가 휴직 전에 하던 일은 인사 업무이다. 사람에 관련된 대부분의 일을 주관하는데 그중에서 면담도 주 업무 중에 하나이다. 20대 초반부터 30대 후반까지의 직원들에 대한 면담을 진행한다. 면담 중 많은 비중을 차지하는 것이 본인이 회사 내에서 어느 정도의 위치이고 앞으로 회사에서 본인에 대한 계획이 있는지에 대한 질문이다. 쉽게 말해 "내가 잘하고 있나요?" "지금처럼 하면 언제쯤 승진할 수 있나요?" 혹은 "부서 이동 등의 계획이 있나요?"이다.

물론 그 질문들에 대한 대답은 나의 노트북 안에 들어 있기는 하다. 각 인력들마다 매 분기마다의 평가서가 있고 그 평가에 대한 각 인력들의 승진 계획과 부서 이동 계획 등이 대략적으로 계획되어 있기 때문이다.

하지만 이 질문에 대하여 정확한 대답을 해 주기 어렵다. 이유는 변수가 너무 많기 때문인데 수백 명의 직원들 가운데 돌발적으로 퇴사하거나 휴직하는 인원들도 많고 회사 내부적으로 여러 가지 이유 때문에 신규 TO가 정확하게 들어맞기 어렵기 때문이다.

직원들 중에는 본인의 역량에 맞게 역할을 잘 수행해 주는 직원이 있다. 그 일을 진심으로 좋아해서 하고 있는지는 표현을 안 해서 모르겠지만 역할만은 충실하게 해 주는 직원 말이다. 일을 잘하는 직원은 일단 조직 내에서는 크게 문제를 일으키지 않는다. 본인이 그 일을 잘한다는 이야기는 일의 체계가 머릿속에 잘 잡혀 있고 일의 순서에 맞게 처리하고 있고 유관 부서와의 관계도 잘 맺고 있다는 이야기이다.

어떤 일을 잘하는 직원은 그렇게 되기까지 본인만의 고군분투의 시간을 들였을 것이다. 처음의 배우는 과정에서부터 홀로 그 일을 해 나가면서 셀프 스터디도 했을 것이고 잔잔한 실수와 실패를 경험하면서 본인만의 노하우를 익혔을 것이다. 겉으로 봐서는 능숙하게 일을 처리하지만 그렇게 되기까지 본인의 노력 없이는 힘들었을 것이다.

고고한 백조가 물위를 떠다니듯이 지금도 물밑에서는 열심히 발을 젓고 있을 것이다. 이렇게 어떤 일을 잘하기까지는 힘든 과정을 거쳐야만 한다.

일을 잘하는 직원들은 그래서 면담을 할 때 먼저 본인이 잘하고 있는지 잘 묻지 않는다. 충분히 잘하고 있는 직원이라면 이미 거기에 상응하는 대우와 승진을 얻고 있을 것이다. 최소한 잘하고 있다는 언질을 받았을 것이다.

"하고 싶은 일을 해야 하나요? 잘하는 일을 해야 하나요?" 면담을 하면서 종종 받는 또 다른 질문이 바로 이것이다. 이 질문에 대한 내 대답은 거의 항상 잘하는 일을 하라고 한다. 하고 싶은 일을 하는 것이 요즘의 추세이기는 하다. 많은 인플루언서가 영상이나 강의에서 "자기가 진짜로 원하는 것을 찾아라. 그리고 그 일을 하면서 그 분야의 전문가가 되라."라고 많이 이야기한다.

예를 들어 고양이를 좋아한다면 고양이를 10년 동안 열심히 공부해서 그 분야의 전문가가 되면 '덕업일치(좋아하는 일과 직업의 일치)'를 이룰 수 있다고 한다. 내 생각은 조금 다르다. 좋아하는 일을 잘하기까지 가려면 굉장히 오랜 시간을 견뎌야 한다. 그렇기 때문에 어느 수준까지 잘할 수 있는 일은 이미 무의식 중에 그 일을 좋아하고 있는 것이다. 이미 그 일을 좋아했고 잘하고 있기 때문에 다른 일이 눈에 들어오는 것이다.

잘하지 못하는 일을 하는 사람은 당연히 잘할 수 있는 분야의 일을 새롭게 도전할 필요는 있다. 아니면 아직 잘하지 못하는 그 일을 잘하게 만들든 해야 할 것이다. 이미 지금 잘하는 일은 어느 정도 오래 할 수 있는 기본기가 잡혀 있는 일일 것이다. 어떤 일이든 오래하는 것이 중요한데, 이유는 아래와 같다.

1) 오래하는 일은 나와 맞거나 최소한 내가 버틸 수 있는 일이다.

그 일이 하기 싫다고는 할 수 있으나 다른 부분에서는 그 싫음의 보상을 어떤 식으로든 받고 있을 가능성이 크다. 그 두 가지를 비교했을 때 플러스 요인이 더 크기 때문에 그 일을 계속 하고 있는 것이다.

2) 오래 하는 일은 잘하게 될 가능성이 있는 일이다.

오래 하면 잘할 수 있다. 무슨 일이든 잘하려면 오랜 기간 다양한 경험과 노하우가 쌓여야 한다. 그러니 오래 하는 일에 정성과 진심을 기울인다면 잘할 수 있다.

나는 지금까지 살아오면서 잘하는 일만 해 왔나? 누군가가 나에게 반문할 수 있다. 내가 내린 선택은 어떠했나 돌아보는 시간을 가져 보았다. 내가 잘하는 일과 좋아하는 일의 기로에 있을 때 나의 선택은 어떠했나를 되짚어 보겠다. 내가 이런 질문을 한 첫 번째 시기는 대학 졸업 때였다.

대학 시절 내내 영화를 좋아했다. 영화 동아리 회장을 하면서 영화제를 운영하기도 하고 단편 영화 제작도 같이 했다. 그래서 막연히 졸업 후에 영화 관련 일을 해 보고 싶다는 생각을 했다. 하지만 내가 오래 할 수 있을까 하는 질문에 대답은 'NO'였다. 당시 영화판은 만연한 '열정 페이'로 악명이 높았다. 나처럼 영화가 좋아 영화에 목숨을 걸고 뛰어드는 불나방들이 많았기 때문이었다. 또 시스템이 정비되기 전의 영화 제작 현장이어서 자기 몸을 갈아 넣는 스케줄이 만연했다. 감독의 OK 한 마디를 위해 기다림과 준비를 밤새 해야 했고 그런 것이 영화를 예술로 격상시켜 준다는 잘못된 믿음이 당연시되어 왔다.

결국 그런 환경에서 일하는 것의 어려움에 나는 지레 겁을 먹고 포기했다. 그래서 나는 일반 기업에 취업을 했고 그 일이 나에게 어느 정도 맞았는지 지금까지 15년 넘게 그쪽 분야에서 일하고 있다. 지금 내가 하고 있는 일이 그래서 좋아졌는지 누군가 묻는다면, 오래 하다 보니 잘하게 되었고 회사에서 인정받다 보니 좋아하는 감정이 들었다고 답할 것이다. 또 어느샌가 싫증 났다가 그만두었지만 이내 이 일만 한 게 없구나 느껴서 다시 돌아왔다. 여러 감정을 느끼면서 지금까지 하고 있다. 아마도 이런 일이 나에겐 오래돼서 잘하는 일이 아닐까 한다.

결국 잘하는 일과 좋아하는 일에 대한 선택의 대답은 오래 할 수 있는 일로 귀결된다. 좋아하는 감정이라는 것은 변한다. 버틸

수 있는 힘이 무엇보다도 중요하다. 버틸 만한 일을 선택하여 잘
할 때까지 버티면 그 일이 좋은 결과물을 안겨 줄 것이다.

❻
내가 먼저 행복해지자

10살 딸아이를 키우고 있다. 아이가 점차 커 가면서 육아의 과정에서 교육의 과정으로 넘어가고 있다. 얼마 전까지만 해도 같이 놀아 주는 것이 가장 중요한 부모의 과업이었는데 이제는 그것이 교육으로 넘어가고 있다. 아이 교육의 첫걸음은 무엇보다도 아이가 행복을 알고 그것을 찾아서 즐기는 것을 가르치는 것이라고 생각한다.

행복을 가르칠 수 있을까? 최근 몇 년간 나의 교육의 테마였는데 지금은 방향성을 찾았다. 행복을 가르치는 일은 부모 자신이 행복해지는 것이다.

아이는 부지불식간에 부모를 따라간다. 프로이트가 제안한 유명한 심리학 이론인 대상 관계 이론이 있다. 개인이 타인과 맺는 관계가 초기 아동기에 뿌리를 두고 있으며, 이때 형성된 패턴이 이후의 생애를 통해 되풀이되는 경향이 있다는 것이다. 예를 들면 학대하고 학대받는 관계를 어린 시절을 경험한 아이는 성장 후에 인간 관계에서 자신도 모르게 가해자와 피해자의 관계를 형성

할 수 있다.

부모는 아이의 '선생님'이 되는 것이 아니라 '거울'이 된다는 말은 심리학뿐만 아닌 경제학에서도 언급되는 말이다. 아이가 부모의 모습에서 얼마나 큰 영향을 받는지 경제학자인 스티븐 레빗의 『괴짜 경제학』을 보면 잘 나와 있다.

물론 이 부분은 경제학자가 데이터로 분석한 부분이라 행복이라는 감정보다는 데이터로 확인할 수 있는 학업 성적으로 측정하였다. 하지만 부모가 자녀에게 하는 행동들보다도 부모자신이 어떤 사람인지가 자녀에게 더 절대적인 영향을 끼친다는 것은 우리에게 시사하는 바가 크다.

레빗은 광범위한 데이터를 분석하여 아이의 학교 성적과 강력한 상관관계가 있는 8가지를 추출해 내었는데 부모의 교육 수준과 사회·경제적 지위가 높을수록, 엄마가 첫아이를 출산한 나이가 30살 이상일수록, 아이의 부모가 영어를 쓸수록(미국의 경우), 부모가 학부모회 활동을 할수록, 집에 책이 많을수록 아이의 성적에 좋은 영향을 준다.

다음 몇 가지는 의미 있는 상관관계를 보이지 않았다.

가족 구성원이 온전한지 여부, 최근에 주변 환경이 좋은 곳으로 이사한 것, 엄마가 유치원에 다니기 전까지 아이를 직접 기른 것, 부모가 아이를 박물관에 자주 데려간 것, 아이를 정기적으로 체벌한 것, 부모가 날마다 아이에게 책을 읽어 준 것, 아이가 TV

를 많이 보는 것.

즉, 아이의 성적에 영향을 주는 요인들은 대부분 부모가 어떤 사람인지를 묘사하고 있다.

영향을 주지 않는 요인은 부모가 아이에게 해 주는 일을 묘사하고 있다. 쉽게 말해 부모가 어떤 사람인지가 부모가 아이에게 해 주는 행동들보다 아이에게 더 큰 영향을 준다는 것이다. 한국에서는 자식을 위해 부모가 희생하는 일을 당연시하는 사회였다. 아이의 행복과 교육을 위해 본인을 갈아 넣는 부모들이 많았다. 내 자식만큼은 나와 같은 길을 걷게 하고 싶지 않다. 나보다 더 좋은 직업을 가지게 해 주고 싶다는 자식을 위한다는 명분으로 본인의 희생을 당연시해 왔던 사회이다. 하지만 이런 부모의 희생이 부모 자신이 어떤 사람인지보다 아이에게 영향이 적다는 것은 실로 의미 있는 연구 결과이다. 아이에게 책을 읽어 주는 행동보다 부모가 책을 읽는 것을 보여 주는 것이 더 큰 영향을 끼친다는 것이다.

아이에게 좋은 교육을 하고 싶으면 부모가 먼저 좋은 교육을 받아야 한다. 아이가 좋은 직업을 가지게 하고 싶으면 부모가 먼저 좋은 직업을 가지려고 해야 한다. 아이가 건강하길 바란다면 부모가 먼저 건강해야 한다. 아이가 행복하길 바란다면 부모가 먼저 행복해야 한다.

이 책을 보면서 이기적인 부모가 어쩌면 더 좋은 영향을 자녀에게 주는 것일 수도 있다고 생각했다. 자신의 가치를 올리고 자신의 행복을 추구하고 자신의 건강을 챙기는 부모는 자식에게도 긍정적인 영향을 준다. 만에 하나 그렇지 못하더라도 최소한 본인 자신에게는 좋은 것이다.

젊었던 나의 부모님도 나이를 먹고 아버지는 5년 전에 돌아가셨다. 모든 자녀가 본인의 부모에게 바라는 것이 무엇일까? 그건 바로 건강하게 오래오래 사시는 것 아닐까?

부모가 건강하게 오래살기 위해서는 일, 건강, 경제력이 필수일 것이다. 이 세 가지가 노후에 준비된 부모라면 젊은 시절 자식을 위해 모든 것을 희생한 부모는 아닐 것이다. 자식 교육을 하면서도 자신의 건강과 경제력을 꾸준히 관리했을 것이고 활력 있는 노후의 필수품인 일도 오래 하기 위해 변하는 세상에 맞추어 공부하기를 게을리하지 않았을 것이다.

세상은 경쟁이 치열하고 눈 깜짝할 사이에 수많은 변화를 하면서 발전해 간다. 한 개인에게 주어지는 역할도 점차 다양해지고 복잡해지고 있다. 그러다 보면 회사 일로 지치고 아이 교육과 가사로 인해 온몸이 피곤해진다. 하루를 끝내고 집으로 돌아가 내 몸 하나 편히 쉬게 하기도 어려운 것이 현실이기도 하다. 그럼에도 부모는 자기 자신을 먼저 챙겨야 한다. 내 건강과 내 심리 정서가 내가 아이에게 하는 행동보다도 더 큰 영향을 미치는 것이다.

나는 지금 '내 아이가 이렇게 살았으면 좋겠다'하는 모습대로 살고 있다. 내 아이가 앞으로 어떻게 살았으면 하는지 그 삶의 모습을 찾아 그렇게 내가 살고자 한다. 아이가 세상이 맞춰 놓은 대로 살아가기보다는 자기의 의지와 선택에 의해 살았으면 하고 바라기 때문에 내가 그렇게 살려고 한다. 내 아이가 이렇게 생각했으면 좋겠다고 바라는 대로 스스로 생각하고 있다. 어떤 상황을 맞닥뜨렸을 때 아이가 이렇게 생각하고 이렇게 반응했으면 좋겠다는 대로 내가 하고 있다. 힘들고 어려운 상황에서 낙심하거나 우울하거나 부정적으로 되지 않고 그 안에서 자신이 할 수 있는 일을 해 나가길 바란다. 그래서 내가 그렇게 반응하고 있다. 내 아이가 만났으면 좋겠다고 생각하는 사람들을 내가 만나고 있다. 주변에서 아이에게 긍정적인 영향을 주는 친구들을 만나 교류하고 서로에게 좋은 영향과 우정을 나누길 바라는 마음으로 내 주변을 그런 친구들로 채우고 있다.

내가 아이에게 선생님이 되려 하기보단 거울이 되려 하고 있다. 거울로서의 역할을 몸소 실천하고 있다. 내가 먼저 건강하고 행복해지자. 그것이 금쪽같은 아이에게 그대로 보일 것이다. 그리고 또 하나, 나도 아직은 살아갈 날이 한창인 '금쪽이'이기 때문이다.

4장

불혹 아재의
무한 도전

❶ 마흔의 돈 공부

서점가의 베스트셀러 코너를 보면 부동산, 주식을 중심으로 재테크에 관한 책이 많이 보인다. 최근에는 코인에 대한 책들도 관심이 많아지고 있다. 이렇게 사람들은 근로 소득(사업 소득)만으로 현재의 생활과 노후의 생활에 대한 안정감을 느끼지 못하고 있다. 나 또한 그런 사람 중 한 명이다. 내가 처음 돈에 대하여 공부를 해야겠다고 생각한 계기는 결혼하고 신혼집을 구하기 시작하면서부터였다. 처음 시작은 바로 부동산이었다. 결혼 전까지는 흔히 말하는 '욜로'족으로 살았다. 과소비를 하지는 않았지만 돈을 쓰는 것에 그렇게 신경을 안 쓰고 살았었다.

직장 생활 4년간 모은 4,000만 원을 1년의 세계 여행으로 모두 다 탕진하고 오기도 했다. 내 나이 31살에 통장 잔고는 '0'이었고 홍대 입구의 라멘 가게에서 시급 5,000원의 아르바이트로 생활하고 있었다. 결혼을 앞둔 1년 전이었다. 이대로 살 순 없었다. 나 혼자의 몸이라면 불편함이 없겠지만 결혼도 하고 아이도 낳을 계획인데 그 재정 상태로는 불가능한 점이 한두 가지가 아닐 것이다. 결혼을 앞두고 신혼집을 구할 때도 나는 당연히 아파트 전세로 신혼집을 시작할 수 있을 거라 생각했다. 내가 1년 동안 알뜰히 모은 돈에 전세 대출을 활용하고 부모님의 도움을 좀 받으면 될 것이라고 안일하게 생각했다. 막상 부동산에 방문해서 알아본 전세는 내가 가진 돈으로는 턱없이 부족함을 알게 되었다. 부모님이 도와주신다고 해도 말이다. 은행 대출 또한 무직자에겐 열려 있지 않았다.

결국 신혼 생활을 강동구 암사동의 방 2개짜리 작은 빌라에서 시작했다. 부모님의 도움을 조금 받은, 1억 4,500만 원의 신혼집이었다. 와이프도 뭘 모르는 어린 23살에 결혼해서 상황이 되는 대로 따라와 주었다. 나중에서야 본인도 어린 나이에 아파트도 아닌 빌라에서 시작한다고 해서 실망했었노라 토로했다. 그만큼 나는 돈에 대하여는 개념도 잘 없었고 돈 때문에 고생한 기억도 별로 없는 철없는 상태였다. 결혼하고 신혼집을 구하면서 내가 가진 돈으로 가족의 편안하고 깨끗한 집 하나 해결하지 못함을 절실히 느끼게 되었다. 당시 나의 직장은 영등포였는데 강동구 암사동의 작은 빌라에서 출퇴근을 하였다. 길에서 하루 3시간씩 버리는 출퇴근 시간을 재테크 서적을 읽으면서 돈에 대하여 공부를 하기 시작했다.

어떻게 하면 이렇게 힘들게 살지 않을 수 있을지, 어떻게 하면 좀 더 넓은 집으로 이사 갈 수 있을지. 결혼 2년 차로 이제 딸아이도 곧 태어날 텐데 지금처럼 시장 골목의 작은 빌라에서 아이를 키울 수는 없다고 생각했다. 유모차를 끌고 다닐 만한 길도 없었다. 아이가 커서 다닐 학교도 복잡한 시장 골목을 통과하고 큰길을 두 번이나 건너야 하는 곳에 있었다. 궁지에 몰린 생쥐가 고양이에게 달려들 듯이 출퇴근길에서, 퇴근하고 늦은 밤에 돈에 대한 수많은 재테크 서적을 가리지 않고 읽어 나갔다. 내 현실의 상황과 빗대어 읽으니 한 줄 한 줄이 나의 상황 같고 내 이야기 같아서 더욱 집중해서 읽을 수 있었다. 책의 저자들도 처음 시작은 나와 같은 수준이었다. 많은 재테크 서적에서의 가르침을 종합해 보면 내 지금 상황에서 할 수 있는 것은 단 하나였다.

'종잣돈을 만들어라.'

종잣돈을 만들어야 그 다음 단계로 갈 수 있는 것을 알게 되었고 그 종잣돈이라는 것을 만들기 위해서는 지출을 최소화, 저축을 최대화해야 했다. 결혼하고 먼 출퇴근 거리 때문에 차를 가지고 싶은 마음이 컸지만 결혼하고 아이가 태어나기 직전까지 2년가량은 철저히 대중교통만을 이용했다. 내가 쓸 수 있는 돈의 예산을 짜서 그 안에서만 소비했다. 와이프도 같이 직장을 다니고 있을 때라서 서로 직장에서 웬만한 것을 해결하다 보니 모을 수 있는 돈의 크기도 점차 커졌고 안정적으로 적립이 될 수 있었다. 다니던 직장에서는 매출 연동 성과급을 많이 받을 수 있었기 때문에 눈이 벌게서 일했다. 2년간 열심히 돈을 모아서 암사동 집의 전세 보증금을 포함해 3억이라는 종잣돈을 모을 수 있었다. 그래 봤자 직장 근처의 아파트 전세 자금 정도였지만 그것을 해내었을 때의 성취감은 이루 말할 수 없었다. 나와 와이프가 2년간 열심히 모아서 드디어 서울의 아파트 전세를 얻게 된 것이다.

지금은 내가 아파트 전세를 알아볼 때인 10년 전보다 2~3배도 넘게 전세금이 올라서 2년 만에 전세금을 모으는 게 어려울 수도 있다. 하지만 10년 전인 당시는 맞벌이 부부가 열심히 모아서 전세 자금 대출을 활용하면 아파트 전세를 구할 수 있는 시기였다. 내 경우에는 거의 대부분의 수입을 저축했다. 워낙 기본 생활에 품이 적게 드는 미니멀리스트였기 때문에 가능했다. 어려서부터 반찬 없이도 밥을 잘 먹었다. 오랜 자취 생활로 구두쇠 생활 정신이 몸에 잘 배어 있었다. 그렇게 모인 종잣돈으로 직장 근처의 아파트 전세 보증금으로 내고 부족한 돈은 전세 대출을 활용했다. 와이프와 나 모두 대출을 싫어해서 전세 대출을 받은 1억도 2년의 전세 기간 안에 모두 상환을 했다. 이렇게 전셋집에서의 생활이 계속 평탄했다면 아마 나의 재테크 공부도 거기서 멈추었을 것이다. 하지만 인생사 새옹지마라고 2년 후 결정적으로 부동산을 더욱 파고들게 만든 일이 발생한다.

내가 살았던 아파트는 내가 전세로 입주할 당시 전세가가 4억이었고 매매가가 5억이었다. 집주인은 고등학생 아들을 둔 부부였는데 아이의 교육 때문에 영등포에서 목동으로 이사를 간다면서 본인이 살던 집에서 이사를 나가는 상황이었다. 처음 만나 부동산에서 전세 계약을 맺으려는데 우리 부부에게 솔깃한 제안을 하였다. 본인이 전세가 아닌 매도도 하고 싶은데 이 집을 전세가 아닌 매수하는 건 어떠냐는 것이었다. 전셋값에서 1억만 더하면 집을 살 수 있다면서 우리 부부를 꼬시기 시작했다. 집주인 부부의 눈에는 우리가 세상 물정 모르는 신혼부부로 보였을 것이다. 잠시 머뭇거리기도 했던 우리는 이내 집을 사는 게 맞는지에 대한 의문이 컸기 때문에 원래대로 전세로 계약을 하기로 했다. 그리고 시간은 흘러 2년이 지났다. 전세 연장을 희망했던 우리는 집주인 아주머니에게 연락을 했다.

집주인도 아이가 목동에서 학교를 잘 다니고 있어 보증금을 시세대로 좀 더 올려 주고 계속 살라고 했다. 문제는 그 이후였다. 2년 전 내가 들어갈 때 4억이던 전세 보증금이 2년 후 5억이 된 것이다. 처음 5억으로 전세 보증금을 올려 달라는 집주인의 제안에 우리는 5억은 말도 안 된다고 생각했다. 그도 그럴 것이 5억이라면 불가 2년 전 이 집의 매매 가격인데 그 가격으로 이 집에 전세 들어올 사람은 없을 것이라고 판단했기 때문이다. 그래서 우리는 집주인에게 다른 곳으로 이사 갈 테니 5억에 전세를 잘 놓아 보시라고 호기롭게 이야기했다. 부동산을 통해 집을 몇몇 사람이 보러 오더니 덜컥 계약이 된 것이다. 그것도 집주인이 호가로 내놓은 5억으로 말이다. 망치로 머리를 세게 한 대 맞은 느낌이었다.

5억이던 매매가는 6억이 넘어 있었다. 내가 2년 동안 와이프와 죽을 둥 살 둥 아끼고 아껴서 모은 돈을 집주인은 가만히 앉아서 벌고 있는 것이었다. 아, 세상이 이런 원리로 돌아가는구나. 흐릿하게나마 알고 있던 돈에 대한 생각을 확실히 몸으로 익히는 계기가 되었다. 그래서 나는 2년 전부터 탐독했던 책들을 다시 읽고 부동산에 대한 공부를 더욱 가열차게 하게 되었다. 그리고 우리 부부는 인생에 있어 큰 결심을 실행에 옮기기로 했다.

바로 서울 영등포의 아파트에서 남양주 덕소 외곽의 작은 빌라로 이사를 가기로 한 것이다. 지하철이 한 시간에 2대밖에 다니지 않는 곳이라 출퇴근에 어려움이 많았지만 그랬기 때문에 전세가 더 저렴했다. 그렇게 손에 쥔 종자돈을 가지고 부동산 경매와 일반 매매를 통해 주거용 부동산 위주로 부동산 투자라는 것을 2년간 열심히 하였다. 그 시절의 무모한 도전이 없었다면 아마 지금도 계속 근로 소득과 사업 소득에만 메여 하루하루 피곤에 절어서 자본을 가진 사람들에 귀속된 삶을 살았을 것 같다.

살아 있는 돈 공부를 통해 자본주의가 어떻게 돌아가는지, 그리고 돈이 어떻게 흘러가는지, 돈이 돈을 번다는 게 무슨 이야기인지를 알게 되었다. 그때의 공부는 지금도 계속되고 있다. 그래야만 크지는 않지만 내가 이뤄 놓은 자산을 지킬 수 있는 힘이 생긴다는 것을 알게 되었다. 돈을 벌기 위해서도 공부가 필요하지만 돈을 지키기 위해서도 공부가 필요하다. 돈을 모아야지만 돈 공부가 시작되는 것이 아닌 것과 같다. 돈에 대한 공부를 해야 돈이 모일 수 있다. 덕분에 그때 시작한 부동산 투자자로의 삶을 지금도 살아가고 있다. 꾸준히 시장을 다니고 공부하고 있다.

마흔의 팁! 돈 공부의 정수-수많은 재테크 서적을 통해 내가 알게 된 것들

1) 돈은 일정 기간 모아야 한다.

아무리 큰돈을 모으는 사람도 처음 시작은 종잣돈이었다. 종잣돈을 모을 수 있는 힘이 있는 사람은 그 다음 단계로 넘어갈 수 있다. 옛날 집의 마당에 있던 펌프에서 물을 퍼올리기 위해 마중물(마중나가는 물)이란 것이 필요했던 것처럼 종잣돈이 있어야 그 돈을 활용해 부 축적을 시작할 수 있다. 종잣돈도 모으는 기간이 필요한데, 이 기간 동안 공부할 시간을 가지면서 목표로 하는 종잣돈의 투자 계획을 세우면 좋다.

2) 고정적으로 나가는 돈은 최소화, 고정적으로 들어오는 돈은 최대화

종잣돈을 모으기 위해서 고정적으로 나가는 돈을 최소화한다. 자동으로 빠져나가는 돈은 그 돈이 아무리 적더라도 만들지 않는 게 좋다. 돈이 나가

는 것은 철저하게 나에게 수고로움을 주게끔 세팅한다. 그래야만 돈이 나갈 때마다 인식하고 작은 돈의 누수라도 막을 수 있다. 나의 경우 지금까지 매달 나가는 공과금은 자동 이체가 아니라 매달 은행 거래를 통해 납부하고 있다. 반대로 고정적으로 들어오는 돈은 자동화시켜라. 언제 돈이 들어왔는지 모르게 자동으로 입금되는 돈이 크고 많을수록 돈의 힘이 커진다.

3) 모인 종잣돈을 일하는 돈으로 만들어라.

종잣돈이 모이면 그 돈이 일하게 만들어야 한다. 즉 자본 소득을 얻을 수 있게 만들어야 한다. 가장 쉬운 것이 부동산과 주식 투자이다. 시간과 함께 투자할 수 있고 실거주도 할 수 있는 측면에서 부동산 투자를 좀 더 추천한다.

4) 규모를 키워 가면서 돈을 운영해라, 그러기 위해선 계속 공부해라.

투자로 흘러 들어간 돈이 안전한지 계속 모니터링이 필요하다. 더 큰 수익률 측면보다는 좀 더 안정적인 곳으로 돈이 계속 이동할 수 있도록 시장의 흐름을 예의주시해야 한다. 정부의 정책에 따라 유동성이 커지는 상품의 경우, 모니터링을 더욱 꾸준히 해야 한다.

돈이 주는 행복감은 무엇보다도 하기 싫은 일에 목을 메지 않아도 된다는 것이다. 어떤 일을 할 때 그것이 생계와 직결되는 경우는 여유가 없고 더 조급해지는 경향이 있다. 좀 더 여유 있게 일을 대할 때 일에서 받는 스트레스도 감소하고 객관적으로 일을 대할 수 있게 된다. 그런 날이 온전히 나에게도 올 수 있기를 바라본다.

❷
마흔의 책 쓰기

    책을 쓰고 싶다고 생각한 건 4년 전부터이다. 좀 더 거슬러 올라가면 내가 한창 세계 여행을 다닐 때 당시 미니홈피에 사진과 여행 다이어리를 올렸는데 그 내용을 책으로 다듬으면 좋겠다 생각했다. 여행을 계획하고 여행 동선을 짤 때 참고하던 책들이 있다. 당시에 2~3권 정도가 있었는데 그 책들을 보면서 많이 도움을 받았기 때문에 새로운 내용으로 나처럼 여행하는 사람들을 위한 책을 내 보면 좋겠다 생각했었다.

    하지만 여행에서 돌아와 취업하고 결혼하고 아이 키우느라 여유를 내지 못했더니 그때의 기억과 추억이 모두 가물가물하다. 미니홈피까지 없어져서 그때의 기억이 더 아쉽다. 이럴 때 기록용으로 책을 썼다면 어땠을까 하는 아쉬움이 많이 남았다. 다른 누군가를 위해 쓰는 것도 좋지만 나를 위해서도 글을 쓰고 책을 쓰는 것은 쓸모가 많다.

책 쓰기의 쓸모(의미)

1) 기록 보관용

'기록되지 않는 것은 모두 사라진다.'

감정을 기록하는 것에 있어서 최고봉은 글쓰기이다. 그리고 그것을 하나의 주제로 묶어 내는 것은 책이다. 다시 오지 않을 어떤 순간을 포착한다는 건 그 순간을 더욱 빛나게 한다.

> 영화를 사랑하는 첫 번째 방법은 같은 영화를 두 번 보는 것이며, 두 번째 방법은 영화 평을 쓰는 것이고, 세 번째 방법은 영화를 만드는 것이다.
>
> -평론가 정성일

한창 영화를 좋아하던 대학 시절 가슴에 담아 두고 다니던 구절이다. 글쓰기를 위의 말에 대입해 볼 수 있다. 일상을 사랑하는 첫 번째 방법은 그때의 시간을 떠올려 보는 것이고(기억하기), 두 번째 방법은 일상에 대하여 글을 쓰는 것이다. 무언가를 떠올릴 때보다 그에 대한 글을 쓸 때 온전히 더 그 순간과 그 사람에 더 집중할 수 있게 되는 것 같다. 그게 그 시간과 사람을 추억하는 가장 좋은 방법이라고 생각된다.

책 쓰기를 통해 나의 전반기 인생 40년을 정리하고 있다. 책을 쓰기 위해서는 목차를 구성하는 과정을 거친다. 목차를 구성하기 위해서는 나의 지난 삶이 글감이 될 수밖에 없다. 나의 지난 세월을 돌이켜 보면 나도 모르게 나 그래도 잘 살아왔구나 하는 생각이 든다. 비록 그 순간순간들은 괴롭고 힘들었던 적도 있지만 결국 되돌아보면 그런 순간들도 좋았던 기억으로 남고 그 순간들이 모여 지금의 나란 사람을 만들었다는 것을 부정할 수 없다. 어느 한 순간도 의미 없었던 적이 없었던 것 같다. 고통의 시간도 그 이후의 시간을 가져올 수 있는 과정이었다. 젊었고 피가 뜨거웠던 시절도 있었고 무엇을 해도 빛나던 시기도 있었다. 그때도 찬란한 한때였지만 그것을 추억하는 지금도 아름다운 한때라는 감정이 든다.

이렇게 내 나름의 방식으로 책을 쓰고 진하게 마흔을 통과하면서 나머지 후반전을 준비하고 싶다.

2) 사고의 확장, 세계의 확장

내 언어의 한계는 내가 인식하는 세상의 한계를 의미한다. 내가 쓰는 언어 안에서 나는 세상을 인식하고 이해한다. 내가 쓰는 언어 안에서만 나는 감정을 느끼고 그 안에서 사람들과 소통한다. 그렇기 때문에 내가 추앙해 마지않는 작가들은 그들이 쓰는 단어의 폭이 넓음을 알게 된다. 내가 막연히 느꼈던 감정이 적확한 단어로 표현될 때 비로소 나는 그 감정을 정의할 수 있게 되고 그 감정에 대하여 세상과 소통할 수 있게 되는 것이다. "그의 이름을 불러 주기 전까지는 하나의 몸짓에 지나지 않았지만 내가 그의 이름을 불러 주었을 때 비로소 나에게로 와 꽃이 되었다."라는 김춘수 시인의 말처럼.

글을 쓰다 보면 더 정확하게 내 언어의 한계를 느끼게 된다. 나의 생각과 감정을 나타낼 수 있는 내 머릿속의 단어가 이렇게나 적고 궁핍한지 실감하게 된다. 그 적고 궁한 단어들을 머릿속에서 조합해서 하나의 문장을 만들고 그 문장이 모여서 글이란 것이 될 때마다 나는 각오를 한다. 내가 쓰는 단어의 숫자를 늘려서 내가 이해하고 인식할 수 있는 것의 폭을 넓히겠어. 정확한 언어로 사회가 어떻게 돌아가는지 관찰하고 해석하고 싶어. 그리고 좀 더 풍요로워진 단어들로 나의 생각과 감정을 표현하고 그것으로 세상과 소통하고 싶어.

내가 더 넓게 나와 타인을 이해하고 표현하고 내가 살고 있는 사회에 대한 인식을 넓히고 싶다는 의지를 글을 쓸 때 되새긴다. 글을 쓰는 것은 이렇게나 나의 한계를 직면하는 과정이고 그 대면을 통해 내가 알을 깨고 나올 수 있게 해 준다.

3) 기회를 탐구하는 과정이 글쓰기

나에게 가장 밀도 있게 시간을 보내는 방법을 이야기하라면 나는 조금의 망설임 없이 다음 세 가지라고 이야기한다. 운동, 글쓰기, 여행. 이 세 가지는 묻지도 따지지도 않고 무조건 기회가 있다면 해야 할 행위이다. 내가 육아 휴직을 하는 1년 동안 가장 집중할 활동도 이 세 가지이다. 이것 모두 누군가에겐 중요하지만 긴급하지 않은 일들이다. 나도 직장을 다닐 때는 그렇게 생각했다.

'운동? 좋지…. 건강을 위해서 해야지 언젠가는.'

'글쓰기?, 나도 간간히 쓰고 있어. 집안일 하고 텔레비전 다 보고 시간 남으면.'

'여행? 여행 안 좋아하는 사람 있나? 나도 좋아해, 무지. 시간이랑 돈이 없어서 그렇지.'

이 세 가지 활동 모두 나를 위해 할 수 있는 가장 최상의 활동이라는 것에는 많은 사람이 동의할 것이다. 하지만 직장 다닐 때의 나처럼 일상에 휩쓸려 살다 보면 우선순위에서 멀리 떨어지게 되는 활동들인 것 또한 동의할 것이다. 이유는 긴급하지 않다는 것이다. 직장 상사의 전화는 긴급하게 온다. 받지 않으면 시끄럽게 벨을 울려 댄다. 스마트폰 속 영상은 안보면 안 될 것처럼 알고리즘까지 동원해 나의 흥미를 잡아 끈다.

하지만 보통 이런 긴급해 보이는 것들은 나에게 기회를 주지 않는다. 오히려 나의 소중한 기회를 날려 버리는 경우가 많다. 정작 중요한 일에 써야 할 시간을 낭비하게 한다.

여기서는 글쓰기에 한정해서 이야기하자면 글쓰기는 기회를 만들어 주는 활동이다. 글 쓰는 시간은 다른 활동과는 완전히 다른 수준의 것이다. 시간의 밀도가 올라간다. 글 쓰는 동안은 오로지 글쓰기에만 집중해야 글이 나온다. 우리는 딴생각을 하면서 책을 읽을 수 있다. 하지만 딴생각을 하면서 혹은 텔레비전을 틀어 놓고 글을 쓸 수는 없다.

그렇게 쓰인 글들을 통해 세상에 내가 어떤 사람인지 브랜딩해 주고 그 브랜딩을 통해 세상과의 접점을 만들어 준다. 세상에 내가 어떤 사람이라고 직접적으로 기회를 갈구하지 않더라도 글을 쓰는 과정을 통해 나라는 사람에 대한 자기 발견이 가능해진다. 글은 내 안에서 나온다. 고도의 집중을 통해 평소에 내가 생각하던 것, 내가 쓰던 단어 안에서 글이 나온다. 그것들이 진짜 본연의 나의 모습이고 그런 자기 모습을 목도하는 것만으로도 글쓰기는 본전 이상을 한다고 할 수 있다.

이렇게 글을 씀으로써 나의 인생은 더 가치 있는 것으로 변한다. 기록되고 기억할 수 있고 남들에게 도움이 될 수 있는 형태로 변경된다. 글감으로 일상을 좀 더 세밀하게 관찰하고 흘려 지나갈 생각들을 좀 더 깊이 있게 확장하고 생각할 수 있다. 글쓰기 위해서는 준비 과정이 필요한데 그런 준비 과정을 통해, 그리고 글 쓰는 과정을 통해 공부의 질이 올라간다.

예전보다 책 쓰기가 쉬워졌다. 출간에 있어서도 길이 많이 열리게 되었다.

일반인 중에도 책을 내는 사람들이 많이 생기고 있다. 책 쓰기가 준전문가들의 마케팅 일환처럼 활용되기도 한다. 이 경우는 팔리는 책을 낸다기보다는 브랜딩의 하나로서 책을 낸다.

마흔의 팁! 출간 방법 3가지(자비, 기획, 독립 출판)

1) 자비 출판

출판 기술의 발달로 초기 출판 부수를 조정할 수 있게 되었다. 초판 기본 부수인 1,000부를 찍는 게 부담스러워 소량 출판을 생각하는 경우에 많이 활용하는 방법이다. 출판사를 통해 출판을 하지만 소요되는 비용을 작가가 부담하는 방식이다. 가족이나 지인들에게 나눠 주고 일정 부분 서점에 입고하는 방식으로 출판을 할 수 있다.

2) 기획 출판

출판사와 출간 계약을 통해 출판을 하는 것을 말한다. 작가는 초고 작성을 하고 출판사에서는 마케팅과 유통을 전담으로 진행한다. 작가는 판매된 부수에 따라 일정 기간이 지나고 인세를 받을 수 있다.

일반적으로 대형 서점에 깔리는 책을 낸다는 것은 이 기획 출판을 말한다. 하지만 출판 시장이 점점 어려워지고 있어 신인 작가에게는 기획 출판의 기회가 잘 오지 않는 것이 함정이다.

3) 독립 출판

출판을 하고 싶으나 출판사와 계약을 하지 못하는 경우 개인이 사업자를 내고 출판사를 내어 책을 출간하는 형태이다. 작가가 초고 작성과 편집의 과정 모두를 주도적으로 해야 하며 인쇄와 유통, 마케팅에 이르는 모든 과정을 해야 하기 때문에 많은 품이 드나 그만큼 작가에게 돌아가는 이익도 크다. 하지만 모든 것을 혼자 해야 한다는 부담감이 크고 독립 출판사로서 대형 서점에 유통하기 어렵기 때문에 독립 서점 위주로 발품을 팔아 유통시켜야 하는 부담이 크다.

❸ 마흔의 건강

마흔에게 건강은 왜 중요한가?

젊어서는 몸을 막 썼다. 하루 이틀쯤은 밤을 새도 몸에 크게 무리가 가지 않았다. 밤새 술자리를 가지고 그 다음 날 정시에 문제없이 출근하기도 했다. 야근하고 회식하고도 몸이 힘들다는 생각을 안 해 보고 살았다. 어떻게 그랬을까? 지금에서야 그 이유를 알 수 있게 되었다. 그건 젊음이었다. 그리고 그 젊음은 인생의 어느 한순간이라는 것도 이제는 알게 되었다. 이제는 관리라는 것을 해야 한다.

그리고 그 관리를 위해서는 내 몸의 소리를 민감하게 캐치해야 한다. 몸이 보내오는 신호를 잘 파악해야만 한다. 그래야 내 몸을 오랫동안 쓸 수 있다. 세차를 사서 몇 년간은 관리하지 않아도 문제없이 잘 타고 다니지만 연식이 오래된 차는 때마다 관리를 해 줘야 하는 것처럼 말이다. 주기적으로 엔진 오일을 체크하고 계기판 경고등의 의미를 파악해야 한다. 매년 건강검진을 빼먹지 말고 받아야 하고 내 몸이 드러내는 여러 신호를 잘 파악해야 한다. 내 차의 연비를 알고 있는 것처럼 내 몸의 체력이 어디까지 가능한지를 평소에 꾸준히 점검해야 한다. 주기적으로 타이어를 체크하듯이 주기적으로 내 몸의 근육량을 인바디를 통해 확인해야 한다.

그리고 꼭 새 차여야만 기능이 좋은 차가 아닌 것도 알게 되었다. 오래된 차도 그 차를 관리하는 사람에 따라 새 차보다도 더 길이 잘 들어 있는 것을 볼 때가 있다. 마흔이 되어서 시작한 운동으로 몸 관리를 꾸준히 잘 해내는 운동 선배를 볼 때가 있다. 운동 덕분에 20~30대보다도 더 열정적으로 생활하는 선배들을 보면 지금도 늦지 않았다고 생각한다. 몸을 잘 관리해서 내가 쓰기 좋게 잘 길들여 놓는다면 어떨까? 마흔은 이제 그런 몸에 대한 관리를 시작할 때가 되는 것이다.

그 전까지와 같은 패턴으로 살면 문제가 생기는 나이가 마흔이다. 내 몸이 처음 목소리를 낸 것은 얼마 전이다. 코로나가 한창일 때 우리 가족도 비껴가지 않았다. 딸아이로 시작한 고열과 목통증이 나와 와이프에게서도 시작되었다. 보건소에 가서 받은 코로나 검사 결과는 세 명 모두 확진이었다. 문제는 확진 3일째부터 시작되었다.

불편했던 목 상태가 심각해진 것이다. 목에 깨진 유리컵이 껴 있는 느낌이었다. 침을 삼킬 수도 없이 아팠다. 밤에 침을 삼키다 아파서 잠을 잘 수 없었다. 침대 머리맡에 침 그릇을 준비해서 자야 할 정도로 목이 아팠다. 목이 아프고 잠을 제대로 자지 못하니 몸의 컨디션도 최악이었다. 자가 격리로 인해 활동량도 적다 보니 몸의 컨디션이 마음의 컨디션으로 옮겨 갔다. 당시 새로운 사업을 위해 계약까지 해 놓았던 상황이었는데 모든 것이 하기 싫어졌다. 하기 싫다는 무기력감과 우울감을 동반한 못 하겠다는 자신감 저하가 심각하게 왔다. 결국 코로나 전에 걸어 놓았던 거금의 계약금을 포기하게 되었다. 코로나 때문인지, 정말 그 일이 나와 인연이 아니었는지 지금도 가늠이 어렵긴 하지만 결과적으로 계약금을 날리고 며칠을 속 쓰린 나날을 보냈다.

격리가 끝났지만 몸의 컨디션이 정상으로 돌아오지 않았다. 목이 계속 아프고 아침저녁으로 몸에 기운이 너무 없었다. 격리가 끝나서도 세상으로 나갈 수가 없었다. 아프기 전에는 못 느꼈던 일상의 소중함을 절실히 느끼게 되었다.

우리는 평소에 작은 돈도 허투루 쓰거나 손해 보기 싫어하는 성향이 있다. 하지만 아플 때는 아파서 병원비와 약값이 들고 아픈 동안에 경제 활동을 할 수 없어서 기회비용을 날린다. 아픈 동안 정상적인 컨디션에서는 하지 않을 잘못된 선택을 하기도 한다. 이렇게 몸이 아프다는 것은 아프지 않을 때는 생각지도 못했던 여러 손해를 감수하게 되는 것이다. 작은 돈을 아끼려던 그동안의 노력은 모두 수포로 돌아가는 것이다. 그래서 몸에는 아끼지 말라는 옛말이 틀린 말이 아니다. 내 몸에 들어가는 것, 내 몸을 쉴 수 있게 해 주는 여러 가지에 이젠 예전만큼 돈을 아끼지 않는다. 오히려 내 몸을 위해서라면 도둑질도 마다하지 않는다. 바로 영양제를 두고 하는 말이다. 가족 중 다른 사람의 영양제도 눈에 보이면 먹는다.

직장 동료의 영양제도 자주 먹는다. 젊은 시절 부모님이 사 주셨던 집에 있는 영양제는 보통 다 먹는 경우가 없었다. 의식적으로 빼먹지 않기 위해 식탁 위에 놓고 먹더라도 한 달도 안 되어서 뚜껑에 쌓인 먼지를 보는 게 어렵지 않다. 마흔이 되면서부터는 꾸준히 하루에 5종 이상의 영양제를 먹는다. 그 영양제들이 나에게 어떤 영양적인 도움을 주는지는 잘 모르지만 영양제를 챙겨 먹는 건 내가 그래도 내 몸을 막 대하지는 않는다는 의미의 의식이다.

내 몸을 챙기면서 인생의 진리를 다시금 되새길 수 있었다.
'건강한 몸에서 건강한 정신이 나온다.'
'몸이 먼저다.'
'건강을 잃으면 모든 것을 잃는 것이다.'
코로나를 겪으면서 몸이 아프니 아무것도 하기 싫고 오히려 몸을 간수하느라 일주일 넘는 시간을 아프게 허비할 수밖에 없었다. 몸이 정상 컨디션으로 돌아오는 데 한 달이나 걸렸다.

나에게는 마흔에 생긴 지론이 있다. 아픈 몸을 그냥 두고 보지 말자. 약이 주는 혜택을 최대한 느끼자. 약이 가져올 수 있는 내성이라는 것이 있다고 하지만 자연 치유가 될 때까지 아픈 내 몸을 이끌고 생활하는 게 너무 힘들었다. 조금이라도 아프면 거기에 맞는 약을 처방받고 아픈 시간을 최소화로 줄이는 게 바로 그것이다.

우울증이 한창일 때도 감기가 한창일 때도 사람들은 말한다. 시간이 지나면 해결해 준다고. 그 말은 사실이다. 하지만 그 시간 동안의 내 시간에 대하여 누가 어떻게 보상할 것인가? 그 힘든 시기를 온몸으로 견뎌 내는 것은 나로서는 고통의 시간이고 나는 내 시간을 그렇게 보내고 싶지 않다.

죽을 날을 받아 놓고 산다고 해도 하루하루 좋은 컨디션으로 살고 싶다. 아프면서 죽을 날을 기다리는 건 하고 싶지 않다. 남아 있는 내 시간에 대한 예의가 아니라고 생각한다. 코로나 확진 이후 운동에 더욱 신경을 쓰고 있다. 꾸준히 할 수 있는 인생의 운동을 휴직 기간에 만들기로 마음먹었다. 지금 넉 달 넘게 하고 있는 운동은 바로 걷기이다.

혼자 꾸준히 걷는 것이 힘들 때도 있어 10명 정도 되는 걷기 모임에도 가입되어 있다. 매일 밤 하루 동안 걸은 인증을 사진으로 한다. 나의 경우 하루 만 보라는 목표를 가지고 만 보를 채우고 스마트폰의 걷기 어플 사진을 공유한다.

걷는 건 누구에게나 언제든 이익이다.
우울하고 생각이 갈라지고, 맘에 여유가 없을수록 산책을 하는 게 도움이 된다.

-이영미, 『걷기의 말들』

마흔을 앞두고 우울증과 불면증이 심하게 와서 회사를 3주간 쉬면서 홀로 일본 교토 여행을 다녀왔다. 그곳에서 내가 한 일은 교토의 구석구석을 두 발로 걸은 것이다. 여행의 9할이 걷기였다. 그때의 교토 여행이 우울증에 도움이 되었는지 당시로서는 잘 몰랐다. 교토에 다녀와서도 우울증이 완전히 나아지지 않았다. 워낙 우울의 바다 안에 있었다 보니….

하지만 결과적으로 돌이켜 보면 그 걷기의 시간들이 그 이후의 삶에 영향을 끼친 것은 사실이다. 교토에서의 기억들이 지금도 이따금 생각난다. 사는 게 팍팍할 때 교토를 가로지르는 카모 강변을 끝에서 끝으로 걷던 날들이 떠오른다. 강변에서 버스킹을 하던 젊은이들, 강변에서 도시락을 소소하게 나눠 먹던 가족들의 모습, 반려견을 데리고 산책하던 젊은 커플들. 걸으면서 보던 것들이 이따금 생각난다. 팍팍하고 우울한 한국의 일상을 피해 마주했던 교토인들의 일상을 통해 '삶이 뭐 별건가.'라고 생각했다.

내가 운동 중에 걷기에 가장 집중하는 이유는 걷기가 만병통치약이 될 수 있다는 것이다. 몸에도 마음에도 도움이 되는. 오래할 수 있고 부담 없고 언제든 시작할 수 있는 걷기가 말이다. 이영미 작가의 말대로 걷기는 누구에게나 언제든 이익이다. 그것도 아주 수익률이 높은.

마흔의 팁! 내가 절대로 지키는 건강의 3요소

잠이 보약이다. 정해진 시간에 가장 숙면을 취할 수 있는 컨디션으로 만든 후 잔다. 중요한 것은 나의 컨디션도 숙면 모드로 만들어야 하는데 그것에 앞서 수면 공간이 수면 모드에 맞게끔 준비한다. 그 공간에 들어가면 바로 잠이 오도록 하고 있다.

먹는 것에는 돈을 아끼지 않는다. 배불리 먹지 않고 소스를 피한다. 배불리 먹고 나면 소화기관이 힘들어하는 게 몸으로 느껴진다. 자극적으로 먹고 나서도 마찬가지이다. 양이나 간이나 모두 80%만 채운다.

의식적으로 걷는다. 하루 만 보는 무조건 채운다. 하루 만 보를 채우는 행동은 건강을 위한 행위들의 기반이다. 하루의 이른 시간부터 만 보를 채우는 노력을 계속 하고 있으면 하루 만 보를 채우는 것은 어렵지 않다. 늦은 저녁까지 걸음 수가 부족하다면 그날은 목표 달성이 어려울 수 있기 때문에 미리미리 계획적으로 혹은 생활에 녹아 있는 걷기를 해야 한다. 건강을 잃고 나서 하면 소용없다. 건강할 때야 건강을 지킬 수 있다.

④ 마흔의 커리어

나는 'SPA 브랜드'라고 불리는 업계에서 15년 정도 일을 하고 있다. SPA는 'Specialty retailer(전문점)', 'Private label(유통업자상표)', 'Apparel(의류)'의 첫 글자를 딴 이름이다. 영미권에서는 보통 패스트 패션이란 용어가 더 많이 사용되는데 한 회사에서 상품의 기획, 제작, 유통, 판매까지 모두 하는 사업 구조를 가지고 있다. 많이 알고 있는 브랜드로는 유니클로, 자라, H&M이 대표적인이다.

내가 처음 일을 시작하던 때는 유니클로가 한국에 막 런칭하던 때로, SPA 브랜드가 한창 호황기를 맞이하던 때이다. 토종 SPA 브랜드가 없는 시장에 글로벌 브랜드들이 시장을 무주공산 장악하던 시기였다.

기존의 한국 패션 브랜드들은 의류 가격의 거품을 많이 만들어 왔고 그것을 깨트려서 질 좋은 저렴한 옷을 파는 것으로 패스트 패션 브랜드들이 시장을 열어 준 것이다. 빠른 상품 기획과 유통 시스템으로 매 시즌 트렌드 상품을 저렴하게 제공한 긍정적인 측면도 있다. 하지만 한 철 입고 버리는 의류를 대량 생산하면서 과소비를 부추기고 환경 문제를 야기했다는 비판도 일었다.

매년 포브스는 세계 부자 순위를 발표하고 있다. 스페인 패스트 패션 기업 자라의 오르테가 회장이 수년째 순위권에 자리하고 있다. 일본 유니클로의 야나이 타다시 회장도 일본 부호 순위 1위에 오르기도 하였다.

이렇게 패스트 패션 브랜드의 사업이 호황일 때가 있었다. 그러다 보니 한국에서도 토종 SPA 브랜드를 표방하고 에잇세컨즈(삼성물산), 탑텐(신성통상), 스파오(이랜드) 같은 브랜드가 생겨났다. 하지만 패션 산업은 점점 럭셔리 브랜드와 온라인 브랜드로의 중심축 이동이 발생하면서 기존에 막강했던 패스트 패션 브랜드들의 자리가 많이 위축되었다.

이런 시장 변화, 고객의 소비 패턴 변화에 따라 산업 지형이 변화되었다. 이로 인해 그 안에서 일하는 사람들에게도 많은 변화가 있었는데 나는 그 변화의 가운데 서 있으면서 많은 승자와 탈락자를 목격하게 되었다.

먼저 SPA 브랜드가 한국에 진입하고 확장하던 2000년대 중후반에 먼저 진입하여 커리어를 시작한 사람들은 사업의 확장과 같이 개인들의 커리어에도 황금기를 맞이했다. 30대 초중반의 나이에 한국보다 늦게 SPA 브랜드가 진출한 동남아의 지사장으로 가기도 하였다. 한국에서 시장 확대를 위해 현지(즉 한국인) 관리자를 등용할 때 발맞추어 한국의 영업팀장이 되는 동기들도 있었다. 이 렇게 SPA 업계에서 승승장구 잘나가던 사람들이 있다 보니 그런 모습을 롤 모델 삼아 많은 패션 꿈나무들이 SPA 업계에 진입하게 되었다.

하지만 몇 년간 불었던 코로나 사태로 인해 외부 활동이 적어 지면서 이런 패션 사업이 많이 축소되고 오프라인에서 하던 쇼핑을 온라인에서 하는 형태로 많이 바뀌게 되었다. 일본 불매 운동으로 유니클로 매장들이 철수하게 되면서 그곳에서 일하던 사람들도 적체가 되기 시작했다. SPA 업계의 인사팀에서 일하는 사람으로서 지원자의 면면을 살펴보면 예전보다 지원자들의 수준이 약해진 것이 사실이다. 지원자의 절대적인 숫자도 적어졌지만 지원자들이 브랜드 안에서 성장하고자 하는 비전이 많이 약해졌다. 지금은 오히려 여기서 패션이나 판매에 대한 감을 익히고 개인 브랜드를 창업하고 싶어 하는 젊은 지원자가 많아졌다. 몇 년간의 SPA 후퇴기를 겪으면서 이 안에서 계속적인 커리어 개발이 쉽지 않음을 알게 되었다는 게 전반적인 지원자들의 생각이다.

그러다 보니 나와 같이 계속 SPA 업계에 있는 사람들은 점차 줄어들고 있다. 아예 초반에 커리어 개발을 확실하게 해서 임원으로 올라가지 않은 이상 이 시장에서의 생존이 쉽지 않다. 같이 이 일을 시작했던 사람들 중에 잘 풀린 케이스를 보자면 이곳에서 커리어를 시작해서 한창 이 업계가 잘나갈 때 그다음 바톤을 이어받는 업계로 이직한 사람들이다. 바로 명품 브랜드와 온라인 기반 사업으로 이직한 사람들이다. SPA 업계에서 어린 나이에 대형 매장 운영, 많은 양의 물량을 운영해 본 이력으로 명품 브랜드 혹은 온라인 기반 회사의 임원급으로 넘어간 사람들이 가장 위너가 아닐까 한다. 명품과 온라인 플랫폼 시장은 불황과 코로나 시대에 더 크게 성장을 한 사업 분야이다. 또 막강한 소비 플랫폼으로 성장한 무신사나 쿠팡, 라이브 커머스 쪽에서 패션 부분의 사업을 관리하는 인력을 초반에 많이 뽑았다. 그때 이직하여 그곳에서 또다시 신성장 동력이 있는 회사와 같이 더 크게 성장하는 사람들이 있다. 성장하는 사업에서 기회를 보고 배를 용기 내어 잘 옮겨 탄 케이스들이라고 할 수 있다.

안 풀린 케이스로는 이곳에서 오랫동안 근무하다가 이직을 하지 못한 경우이다. 이곳에서 근무하면서 연차는 계속 차오르고 사업은 지지부진하다 보니 더 이상 올라갈 곳이 없어진다. 그러는 사이 후배들은 자리를 위협해 오고 있는 상황이 된다. 아주 작은 실수만 하더라도 자리가 위태해진다. 업계를 자의 반 타의 반으로 떠난 사람들을 보면 매출이 좋지 못하고 회사 분위기가 좋지 못한 상황에서 작은 꼬투리로 퇴사까지 가는 케이스들도 보아 왔다. 퇴사는 하였지만 이직까지는 가지 못한 사람들도 있었다.

더 이상 오프라인 패션의 확장세가 약하다 보니 오프라인 영업 기반의 인력들을 뽑는 회사가 없어지고 있다. 발 빠르게 새로운 트렌드에 맞추어 본인의 신분을 세탁하지 않으면 계속 근무가 어려워지는 것이다.

오프라인 영업 전문가에서 온라인 영업 전문가로 타이틀을 아예 바꾸든지 온라인 판매에 대한 경험도 미리 쌓았더라면 하는 아쉬움이 드는 사람들이 많다.

나는 어떤가? 나의 경우는 외국계 SPA회사를 거쳐 지금의 회사까지 대형 오프라인 매장 운영 노하우를 바탕으로 영업 관리에서 인사 관리로 전환한 케이스이다. 계속 오프라인 영업에 있었다면 매장의 축소와 함께 자리가 많이 위태로울 수 있었으나 인사 업무에 대한 지식과 노하우가 있어 영업팀에서 인사팀으로 전환할 수 있었다. 그러면서 좀 더 직장 생명을 지속하고 있는 케이스이다. SPA 업계가 앞으로 얼마나 더 지속할 수 있을지 모르기 때문에 지금의 인사라는 업무에서 좀 더 전문성을 키워 인사 분야 전문가가 되어야 한다.

인사 업무에도 여러 종류의 기능이 있는데 이 기능 중에서도 특정 분야의 스페셜리스트가 돼야 한다. 아니라면 인사 업무를 통합해서 인사 업무 전체를 대행할 수 있는 제너럴리스트가 되는 것도 가능하다.

우리 회사의 경우에도 채용 담당자와 교육 담당자가 있지만 일부 기능을 전문화된 회사에 아웃소싱하고 있다. 채용의 경우 채용 대행 업체를 활용해서 이력서를 취합하고 있으며 교육의 경우 교육 전문 회사와 계약을 통해 전문 교육을 진행하고 있다. 이처럼 인사라는 업무 안에서도 전문성을 지닌 한두 가지 무기가 있다면 그것을 나의 다음 먹거리로 변화·발전시킬 수 있다.

변화하는 세상에서 안테나를 계속 만들어서 대고 있어야 한다. 가장 좋고 확실한 안테나는 책이다. 그보다 더 접근이 쉽고 직관적인 안테나는 SNS지만 SNS로는 양질의 정보를 얻기 어려운 측면이 있다. SNS가 마케팅의 도구로 활용이 많이 되다 보니 돈이 되는 정보라기보다는 돈이 털리는 정보일 수도 있어서 주의를 요해야 한다. 쉽게 얻는 정보는 쉽게 잊히기 쉽다는 명제를 기억해야 한다.

변하는 세상에서 계속 변화를 감지하고 그 정보들에서 필요한 것을 뽑아서 적절하게 활용하기 위한 공부는 책을 통해 가능하다. 그렇기 때문에 책을 계속 읽어야 한다. 생존을 위해 읽어야 한다.

예전에는 지식과 정보의 유효 기한이 50년이었다면 이제는 10년도 안 된다. 앞으로 5년이면 지금의 지식과 정보가 의미가 없어질 수도 있다. 누구에게나 지금의 변화는 적응하기 어려운 것이다. 모두가 같은 선상에 있다. 모두가 다 새로운 세계를 맞이하고 있는 것이다.

모두가 신문물에 적응하면서 생존해야 하는 시대인 것이다. 그렇기 때문에 새로 합류한 사람들에게 기회가 있다. 먼저 시작했다고 더 많은 것을 알고 있지 않다. 오히려 구버전의 정보와 지식이 발목을 잡는 경우도 많이 있다. 인사이트를 발굴하는 노하우는 물론 중요하지만 한 번 발견한 인사이트에 메몰되지 않도록 주의해야 한다.

마흔의 팁! 커리어 개발

1) 자기에 대한 탐구가 먼저 필요하다. 내가 어떤 사람이고 어떤 것을 잘하는지, 꾸준히 할 수 있고 꾸준히 하면서 그곳에서 영향력이 있는 경력자가되는 것이 중요하다.

2) 무엇이든지 쪼개고 쪼개서 그 안에서 제일 전문가가 되는 것. 아니라면 큰 분야를 모두 아우르고 연결하는 디자인할 수 있는 기획자가 되는 것이 중요하다. 더욱더 세분화된 시장으로 가든지 전체를 통합하는 디자이너가 되든지, 그나마 더 쉬운 방법은 세분화된 시장으로 가는 것이다.

3) 그런 세상의 변화를 위해 책이라는 매체를 통해 계속적인 공부를 할것. 그럴더라도 SNS를 통해 계속적인 트렌드 확인은 해야 한다.

❺ 마흔의 딴짓거리

초등학교에 다니던 어린 시절 주변 사람들에게 내 이미지는 조용한 아이였다. 혼자서도 조용히 놀 수 있었다. 혼자 조용히 노는 방법에 대하여 물어본다면 단연 독서라고 할 수 있다. 그때는 놀거리가 궁색했다. 장난감이라는 게 마땅치가 않았다. 그리고 외딴집에 살아서 같이 놀 친구도 별로 없었다. 그때부터 독서를 했다. 그때는 책을 읽어서 무엇이 되어야겠다는 생각보다도 그것이 내가 가진 가장 재미있는 일이었던 것 같다. 선택지가 없었고 사교육을 받을 상황도 아니었기 때문에 어머니는 어린이 전집 도서를 많이 사 주었다. 내가 어린 시절에는 어린이 잡지나 청소년 잡지가 많이 출간되었는데 전주에 있는 사촌의 집에 놀러 가서 그런 잡지를 많이 접했다. 사촌의 집에는 형·누나들이 많다 보니 내가 집에서는 접할 수 없는 고급(?) 잡지가 많았다. 글로만 된 책을 보다가 지루해지면 그 잡지들을 보면서 지루함을 달래기도 했다. 그렇게 책과 잡지를 넘나들면서 보면 반나절이 금방 지나가 있었다.

중학교에 입학하고 집집마다 비디오라는 것이 생기면서 비디오로 영화를 보는 것에 빠져들었다. 당시는 영화의 등급제가 명확치 않고 그런 영상들이 청소년들에게 얼마나 유해한지 잘 모르던 시대였다. 그래서 중학생이지만 청소년 관람 불가 영화만 아니면 다 볼 수 있었다. 중학생 때부터 각종 영화를 잡다하게 보았다. 친척 누나가 비디오 대여점을 운영해서 비디오를 더 쉽게 접하기도 했다. 영화를 한두 편 보다 보면 반나절이 금세 지나가 있었다.

고등학교 시절 당시 정우성과 고소영이라는 청춘 스타를 탄생시킨 영화 〈비트〉가 개봉했다. 관람할 수 없는 나이였지만 영화관의 입장 제한이 무색하게 많은 청소년이 그 영화를 볼 수 있었다. 영화 속의 민(정우성 역)에게 빠져들어 한동안 오토바이를 타는 내 모습을 상상하였다. 결국 부모님 몰래 동네 오토바이 가게에 가서 중고 오토바이를 당시 80만 원이라는 거금을 들여 사게 된다. 오토바이 한 대면 내 청춘의 답답함도 뚫릴 것 같았다. 영화 속의 정우성이 되어 그처럼 잘나갈 수 있을 것 같았다. 하지만 그것도 잠시, 나는 수능이라는 큰 시험을 앞둔 수험생이었다. 마냥 편하게 일탈할 수는 없었다. 결국 친구에게 돈 대신 금목걸이를 받고 오토바이를 다시 팔았다. 잠시의 일탈을 마치고 원래 자리로 돌아와 수능 준비를 열심히 했다. 이렇게 나는 앞에 나서서 시끄럽게 말썽 피우는 스타일은 아니지만 뒤에서 조용히 나만의 방식으로 일탈을 꿈꾸며 딴짓거리를 하는 학생이었다.

대학에 들어가서도 영화와 책에 계속 빠져 살았다. IMF로 경제가 엉망이었고 뉴스에서는 심각한 뉴스들이 넘쳐 났지만 나와는 딴 세상 이야기라 생각되었다. 나에게는 책과 영화, 두 가지만 있으면 그런 현실에서 벗어날 수 있었기 때문이다.

대학 1학년 때부터 학과 공부보다는 영화 동아리에 빠져 살았다. 동아리의 마이너한 분위기도 좋았다. 나처럼 공부와는 동떨어져 있는 사람들이 모여 있었고 오타쿠 같은 사람들이 많았다. 일반 영화를 좋아하는 사람들은 마니아스러운 분위기와 영화 취향 때문에 초반에 떨어져 나갔고 영화 '덕후'들이 남아 자리를 지켰다. 영화를 좋아하는 것만큼 음악도 좋아하는 사람들이 많았는데 동아리 활동을 하면서 음악을 듣는 폭을 넓히게 되었다. 특히 락이나 메탈 음악을 많이 듣게 되었다. 동아리 내에 메탈 밴드 소모임이 있을 정도로 메탈 음악 마니아도 많았는데 거기서 누군가 아이돌이나 걸그룹 음악을 좋아한다고 하면 돌을 던지는 분위기였다. 상업적인 음악은 자본주의에 의해 만들어진 킬링타임용 음악이라는 주의였다. 그런 말을 했던 선배들이 당시에는 음악의 신처럼 느껴지고 큰 산과도 같은 존재들이었는데…. 지금 생각해 보면 그들도 막 제대한 23~24살 사이의 애송이들이었다.

2학년이 되어서도 학과에서는 내 존재를 잘 몰랐지만 나름 동아리에서는 회장도 하면서 주류로 부상하고 있었다. 내가 열정이 있거나 실력이 뛰어나서 동아리 회장이 되었다기보다는 동기들보다 좀 천천히 입대를 계획하고 있어서 나 말고는 딱히 후보가 없었던 이유도 있다. 하지만 영화를 좋아했던 마음만은 진심이었다. 당시 막 첫 개막을 했던 부산국제영화제에 참가하고 대학 영화제 기획과 운영도 하면서 알차게 대학 생활을 했다.

나의 즐거운 대학 생활이 실속이 없다는 것을 대학 3학년에 복학하고 나서야 알게 되었다. IMF로 기업체에서도 채용의 문을 대폭 축소하면서 대학생이면 쉽게 취업이 되는 시대가 끝나 가고 있었다. 그걸 취업 준비를 한창할 때에야 알게 되어 뒤늦었지만 열심히 학점을 올리고 영어 점수를 따는 등 스펙 쌓기에 몰두했다. 공부를 잘했던 친구들이 금융권이나 증권 쪽으로 취업할 때 나는 일반 기업의 경영 지원이나 인사팀으로 지원했지만 취업의 문이 쉽게 열리지 않았다.

어렵사리 입사한 회사에서도 일은 잘하는 편이었지만 관계가 쉽지 않았다. 회사도 학교에서처럼 눈에 띄는 무리가 있다. 회사 내 핵심 선배들과 좋은 관계를 유지하고 눈에 띄는 프로젝트에서 눈에 띄는 성과를 만들어 내는 그룹들이 있다.

하지만 나의 경우는 눈에 띄는 것 자체를 좋아하지 않았다. 그러다 보니 일에 대하여도 성과가 크게 나는 일보다는 성과가 날 수 있게 도와주는 업무 즉, 서포트 업무가 성격상 잘 맞았다. 플레이어가 아닌, 플레이어가 맘껏 성과를 만들어 낼 수 있도록 안 보이는 곳에서 미리 준비하고 돕는 프로듀서 역할이 잘 맞았다.

그렇지만 아주 뒤에 숨어 있기만을 바랐던 것은 아니었다. 마이너 그룹 안에서는 나름 명예욕도 있었고 인정에 대한 목마름도 있었다. 그것은 앞에 나서서가 아닌 뒷자리에서의 인정 같은 것이었다.

내가 학창 시절을 보낼 때만 해도 정해진 길이라는 게 있었다. 공부 열심히 잘해서 좋은 대학에 가고 대기업에 취업해서 좋은 가정을 만들고, 서울에 집을 장만해서 아이들 잘 교육시키고 노후를 위해 저축도 열심히 하는 그런 모습이 미디어를 통해 자주 노출되었다. 딴짓거리 안 하고 성실한 사회의 일원으로 노동력을 제공하고 가정을 이루어 새로운 노동력을 창출하고 그럼으로써 사회가 제대로 굴러가게끔 말이다. 그 길을 벗어나면 문제아 혹은 부적응자로 낙인찍히기 일쑤였다.

그래서 겉으로는 모두가 바라는, 그리고 바라야 하는 그 길을 걸어가는 것처럼 연기하지만 실제는 그렇지 못하는 나 같은 사람들이 있었다. 대놓고 다른 길로, 작은 길로 걸어가는 것은 또 다른 용기가 필요하다. 기본적으로 나와 같은 성향의 사람들은 사람들 눈에 드러나는 것을 싫어하기 때문에 뒤에서 조용히 딴짓을 한다.

시대가 조금씩 변해서 지금은 자기의 취향을 드러내도 그렇게 욕을 먹지 않는다. 뒤에서는 욕을 해도 앞에서는 다양성 존중이라는 가면을 쓰고 그 용기에 박수를 보내 주는 사회가 되었다.

취향이 확실하고 그 취향에 대한 오랜 경험과 지식이 인정받기도 한다. 그것을 바탕으로 경제적인 것을 이룰 수 있게 세상이 변하고 있다. 나의 경우 딴짓거리를 하면서 마흔 평생을 살아오고 있고 이렇게 자꾸 경로를 이탈하는 나이지만 그래도 아직 잘 살고 있다.

잘 딱힌 대로를 걷고 있지는 않지만 볕이 잘 드는 오솔길을 내 속도대로 걸어가고 있다. 오히려 지금은 이렇게 딴짓거리를 하고 있는 나를 응원해 주고 부러워하는 친구들도 있다. 딴짓거리는 때론 일상에 여유를 주기도 한다. 경제적인 여유는 아니지만 시간의 여유를 준다. 육아 휴직이라는 것을 하지 않았다면 느낄 수 없는 평일 오전의 한가로움도 느끼고 살고 있다.

이러한 여유로움이 진짜 나의 취향을 알려 주기도 한다. 직장에 메여 있을 때는 해 볼 엄두도 못 내 보던 것들에 도전하고 있다. 도전해 본 이후 그것이 나와 맞지 않음을 알게 되기도 했다.

내가 해 보고 싶었던 분야가 사실은 내가 진짜 원하지 않았던 것이기도 했다. 사람들의 눈에 좋아 보일 만한 것을 도전하다가 포기하게 된 것들이 그런 것들이다. 또 어떤 것은 아무 생각 없이 무료함을 달래기 위해 해 보았는데 새로운 흥미와 재능을 발견하기도 했다.

마흔의 팁! 마흔의 딴짓거리, 내가 최근에 도전한 것들

1) 책 쓰기

몇 년째 계속 쓰고 싶다는 생각이 드는 것을 결국 하지 않으면 그것은 평생을 따라다닐 욕망이라고 한다. 이런 사람은 결국 써야 그 욕구가 풀린다고 한다. 4년째 매달리던 책 쓰기에 대한 욕망을 이제야 풀고 있다. 육아 휴직 후 가장 먼저 한 일이 책 쓰기 강의를 듣고 책 쓸 공간을 마련하고 책 쓸 시간을 하루 2시간씩 뺀 것이다. 책을 쓰면서 쓰고 싶은 주제가 여럿 생겼다. 내가 책 쓰기에 재능이 있는지는 아직 모르겠지만 최소한 싫증 내지 않고 하고 싶은 일이라는 것은 알게 되었다.

2) 연기

코로나 이전인 2019년도에 3개월 정도 연기 수업을 받았다. 마흔이 되면서 내 앞의 인생이 너무 뻔히 보이는 듯한 느낌이었다. 현실에서는 새로운 것에 마구 도전할 수 없고 내 캐릭터를 새롭게 바꿀 수 없었지만 연기하는 동안에는 그런 것들에 도전할 수 있었다.

내가 지금 가지고 있는 것에서 벗어나 새로운 인물이 되고 새로운 환경에 놓여 있다는 상상 속으로 들어갈 수 있었다. 연기를 계속하고 싶어서 프로필 영상까지 만들었지만 코로나로 인해 무산되었다. 하지만 작은 역이라도 해보고 싶은 마음은 지금도 가지고 있다.

3) 힙합댄스

어려서부터 춤을 잘 추는 사람에 대한 동경이 컸다. 운동이나 체육에 특기가 없었던 나는 몸을 써서 무언가를 표현한다는 것에 큰 흥미를 느꼈고 더 시간이 지나기 전에 꼭 도전해 봐야 했던 참인데, 코로나가 조금 주춤해지는 2020년에 1:1 강습을 받았다.

총 10번을 받았는데 결과적으로 나는 춤엔 영 소질이 없다는 것을 알게 되었다. 10주가 지나도 음악의 리듬에 따라 혹은 내 생각대로 몸이 움직여 주지 않았다.

4) 인테리어 학원

부동산 투자를 하면서 부동산의 가치를 올리는 데 인테리어만 한 것이 없다는 것을 알게 되었다. 경매를 할 수 있다면 싸게 살 수 있고 인테리어를 할 수 있으면 비싸게 팔 수 있는 것이다. 그래서 1년여 동안 인테리어 창업자 과정을 듣고 자격증반에서 수업을 듣고 있다. 자격증 취득도 하게 되어 실무 경험을 쌓은 이후에는 동네에서 작게 인테리어 사업을 시작해도 괜찮은 수준이 되지 않을까 한다. 기술이라는 것은 몸이 기억하고 나이를 먹어서도 꾸준히 경제 활동을 할 수 있는 것이라서 꾸준히 해 보고 싶은 마음이 있다. 글 쓰는 인테리어 업자, 괜찮은 포지션인 것 같다.

5) 지역문화기획자

아이를 키우다 보니 아이가 커 가는 마을 공동체에 대한 관심이 커진다. 아이의 친구들과 그들의 부모가 자연스레 연결이 되고 아이가 건강하게 자 랄 수 있는 마을 공동체를 만들고 싶다는 생각으로 지역문화기획자 과정을 들었다. 구에서 운영하고 있는 과정으로, 하고자 하는 마음만 있다면 참가 신청을 통해 배울 수 있는데 기대했던 것보다 더 많은 것을 배우고 깨닫고 있어서 좋은 배움이라고 느끼고 있다. 이후 지역에서 문화기획자로서의 역 할을 해 보고 싶은 마음도 있다.

6

마흔의 힘 빼기
(여행을 통해 느낀 것)

내 인생을 돌이켜 보면 이렇게 메인 도로가 아닌 메인 도로 옆 작은 길을 걸어온 것 같다. 그 작은 길에서도 때때로 옆길로 새기도 했다. 그런 덕분인지 지금도 옆길의 생활을 즐기고 있다. 내 또래의 남자들이 양복 입고 회사에 출근하는 시간에 나는 청바지에 후드티를 입고 슬리퍼를 신고 강남의 학원으로, 강남의 학원에서 공유 오피스로 떠돌면서 시간을 보내고 있다. 지금의 이 자유로운 시간은 내가 회사를 다니면서 벌 수 있는 월급을 포기하고 얻은 것이다. 연초에 있었던 고시원 사업의 포기로 손해 본 계약금도 그 사업을 함으로써 겪게 될 고단한 시간에 대한 기회비용으로 생각하고 있다. 마이너리티로서의 삶이 불안하지 않은 것은 아니다. 무리에 끼어 있으면 누릴 수 있는 심리적인 안정감을 포기해야 한다. 사람들이 정해 놓은 넓은 대로, 올바른 길, 마흔이라면 응당 걸어야 하는 길에서 벗어난 것이다.

이런 나의 이탈 경로를 만들어 준 것은 나의 성향이기도 하지만 이런 태도가 완성된 것은 여행을 통해서였다.

1년간 여행을 다니면서 많은 여행자를 만났다. 여행지에서의 만남은 스쳐 지나가는 짧은 것이 대부분이지만 여행지라는 특수성이 있어 서로에게 더 많이 자신을 내보이게 된다. 그곳에서 만났던 많은 여행자 중에 유럽에서 만났던 노부부와의 대화가 기억에 남는다. 노부부는 당시 나의 부모님보다 조금 더 연세가 있었다. 두 분 모두 젊은 시절을 열심히 살아서 자제들을 모두 잘 키워 독립시키고 본인들은 연금으로 안정된 노후를 보내고 있었다. 그런 두 분이 한인 민박에 머무르면서 나와 같이 여행하던 젊은 여행자들에게 저녁과 술을 사 주셨다. 해외에서 이렇게 만나게 되는 것도 인연이고 나이가 있으신 분들은 한 번씩 그런 자리를 제안해 주시기도 했다. 멋진 레스토랑에서 맛있는 저녁을 먹고 술이 한두 잔 들어가고 술자리에서 편하게 이야기를 시작하게 된 부부는 우리의 젊음이 굉장히 부럽다고 했다.

본인들은 시간도 많고 돈도 어느 정도 여유가 있어서 60이 넘어서는 편하게 여행 다니면서 쉴 수 있다고 했으나 두 가지가 아쉽다고 한다. 첫 번째가 젊어서 여행하지 못한 점이라고 한다. 두 번째는 나이 먹어서 할 수 있는 일을 못 만든 거라고 한다.

누구나가 부러워할 만한 안정된 직장에서 정년퇴직을 하고 연금으로 남은 시간을 풍족하게 여행 다니면서 쓸 수 있음에도 젊음을 부러워했고 소일거리를 부러워했다. 우리는 항상 돈이 부족한 젊은 여행자들이고 여행 이후의 삶에 대한 두려움과 걱정에서 벗어날 수 없는 시기였다. 그분들은 시간도 돈도 모두 여유 있는 분들인데 그분들이 우리를 부러워한다는 게 당시엔 잘 이해가 가지 않았다. 하지만 이제는 어렴풋이 그들의 말이 이해가 간다.

한 번 지나간 젊음은 다시는 돌아오지 않는다. 그 젊음은 그 안에 있을 때는 모르지만 지나고 나면 그때가 젊음이었구나 알게 되는 것 같다. 지금 마흔의 나는 20대의 청춘을 그리워하지만 누군가의 눈에는 나 또한 청춘으로 보일 수도 있다. 지나간 시간을 아쉬워하기보단 지금의 이 순간을 즐겨야겠다는 생각을 한다. 언제 올지 모를 미래를 위해 현재를 희생하는 행동을 하지 말아야겠다.

특히 자녀와의 관계가 그것 중에 제일이라고 생각한다. 지금은 열 살인 딸아이가 나에게 놀아 달라고 하지만 앞으로 2~3년만 지나도 그러지 않는다고 선배들이 말한다. 아이가 놀아 달라고 할 때가 좋은 거라는 선배들의 말처럼 불과 멀지 않은 시기에 아이는 친구와 공부에 더 매달리게 될 것이고 그 전까지만 부모와의 관계를 쌓을 수 있는 시간일 것이다. 관계의 저축처럼 부모와 자식 간의 애정과 경험이라는 저축을 지금 충분히 해 놓아야 할 때이다. 지금의 저축이 먼 훗날 복리의 마법처럼 쌓여서 아이의 청소년기와 성년기에도 그 효과를 발휘할 것이라고 믿고 있다.

오늘 하루의 업무나 일보다도 오늘 저녁 가족과의 식사에 좀 더 집중하려 한다. 앞으로 5년 후면 딸아이를 포함한 세 가족의 저녁 식사가 편하게 마주할 수 있는 일상이 아니게 된다. 아이는 입시 공부로 저녁 늦게까지 학원이나 독서실에 다닐 것이고 그러다 보면 아이와 편하게 저녁 먹을 시간도 얼마 남지 않은 것이다. 아이와 같이 시간을 보내기 좋은 시기인 지금, 좀 더 여유가 생길 앞으로 어느 때가 아닌 바로 지금. 아이와의 관계에 더 많은 시간을 들이자고 다시 한번 다짐한다.

젊음을 마냥 그리워하기보단 지금을 젊음의 시기로 만드는 것도 필요하다. 젊음이라는 것은 나이의 어느 시점이 아닌 신체와 정신이 열정적이고 팽팽한 시기라고 생각한다. 내 몸을 건강하게 만들어 근육이 팽팽하고 체력이 넘친다면 무언가를 시도해 볼 힘이 나지 않을까? 그때가 바로 청춘이지 않을까?

어떤 일에 대하여 해 보고 싶은 욕구가 생기고 그 일을 해 볼 만한 열정이 가슴에 있다면 그때가 바로 청춘이지 않을까 생각한다. 나이를 의식하기보단 용기를 내서 무엇이든 기회를 만들어 즐길 것을 만들어 가는 것이 필요하다.

우리나라 사람들은 똑똑하고 경쟁에 능하다. 작은 땅 안에서 똑똑하고 경쟁적인 사람들이 모여서 생활하다 보니 한 명 한 명의 경쟁력이 뛰어나다. 그만큼 세계 어디를 가든 잘 적응하고 자리

잡고 좋은 집에 거주한다. 특유의 성실 근면함과 똑똑함이 기본 장착되어 있기 때문이다.

　하지만 외국에서 현지인들은 한국 사람을 불쌍히 생각한다. 즐기지 못하고 누리지 못하고 가족과 함께하지 못한다고 말이다.

　아일랜드에서 학원을 다닐 때 크리스마스를 포함한 연말 휴가를 경험한 적이 있다. 연말부터 연초까지 3주간 모든 관공서가 쉰다. 관공서가 쉬면서 회사들도 쉬고 개인 사업장을 제외하고는 웬만한 가게들이 휴가에 돌입한다. 그들은 이 3주간의 휴가를 위해 돈을 벌고 일을 한다고 한다. 즉, 휴가를 즐기기 위해 사는 것이다. 국가적으로나 사회적으로도 그런 분위기를 인정한다. 내가 노는 것처럼 공무원들도 놀아도 된다는 생각이 당연하다. 쉬고 가족과 휴가를 가기 위해 인생을 산다는 생각도 당연한 것이다.

　다시 한국에 오니 한국은 그런 분위기가 아니다. 모두가 무한 경쟁으로 돌입하여 더 많이 성과를 내고 더 큰 돈을 벌고 더 많이 일하는 것이 능력처럼 인정되는 사회였다.

　위에서 말한 것처럼 한국은 작은 땅덩어리 안에서 워낙에 작은 파이를 가지고 경쟁하다 보니 그런 것 같다. 한 번만 뒤처져도 영영 올라갈 수 없다는 인식이 팽배해 있다. 그렇다 보니 새로운 것에 시도하는 것도 쉽지 않고 모두가 정해진 경쟁 열차에 탑승하여 더 앞 칸으로 가기 위해 서로를 의식하고 비교한다. 취업에 대하여도 그렇고 자산을 이루는 과정도 그러하다.

　여행 중에 본, 머리카락의 수보다 더 많은 삶의 모습들에 반해 한국은 몇 가지의 획일화된 삶으로만 규정돼 있다는 것을 느꼈다. 너무 적은 수의 삶만 정답으로 규정하고 있다.

　그러다 보니 나와 같이 좀 다른 길을 걷는 사람들은 영영 낙오하지 않을까 하는 불안함과 두려움에 있을 수밖에 없다. 경제적으로 어느 정도 이뤘다고 생각하는 나조차도 이러하니 아마도 사회 초년생은 새로운 길을 걸을 엄두도 나지 않을 것이다. 모두가 공무원을 꿈꾸는 나라에서 모두가 유튜버나 인플루언서 쇼핑몰을 꿈꾸는 사회로 변하고 있다. 그 길에서 벗어난 사람들은 배달 앱 배달원으로 종사하라고 부추기는 미디어를 매일 볼 수 있다. 한쪽으로만 몰이를 당하는 사람들이 많을수록 국가의 경쟁력은 떨어질 것이다. 개개인들은 여유롭게 삶을 즐기는 것이 어려워질 것이다. 나부터 그 길에서 벗어나기 위해 하루하루 용기를 내고 있다. 이렇게 글을 통해 마이너리티들 향해 하고 싶은 말을 뱉는 용기 말이다.

❼
마흔의 결혼 생활

올해로 결혼 12년 차가 되었다. 남녀가 만나 사랑을 하고 결혼식을 올리고 아이를 낳아 기르는 과정은 모든 남녀 관계의 정석처럼 여겨지는 이야기이다. 100쌍의 부부가 있다면 100개의 다른 이야기가 있으나 그 이야기를 관통하는 공통의 이야기도 있다. 그래서 부부의 이야기는 모두가 공감할 수 있으면서도 모두가 궁금해하는 이야기이기도 하다.

대단히 사적이면서도 대단치 않게 비슷한 이야기이기도 한 것이다. 와이프와 처음 만난 날을 기억한다.

나는 일본계 의류 회사 매장의 점장으로 근무하고 있었다. 지방 매장에서 점장을 하다가 다시 서울의 대형 매장으로 금의환향한 지 몇 개월이 지나 있었다. 의류 매장의 가장 바쁠 때인 겨울 시즌이 다가오고 있었다. 대규모의 프로모션도 예정되어 있어 매장은 눈코 뜰 새 없이 바쁜 시기였다. 많은 아르바이트가 필요했고 그 많은 아르바이트생 중 한 명이 지금의 와이프이다.

갓 20살이 된 앳된 얼굴이었지만 누가 보아도 호감을 가질 만한 예쁜 얼굴이었다. 나와는 거의 열 살의 나이 차이(정확히는 아홉 살)가 나고 나는 그 매장의 직원들을 관리하는 점장이었기 때문에 '예쁜 아르바이트생이 들어왔네.' 정도의 인식만 하고 있었다. 그렇게 아르바이트생과 점장의 관계 말고는 별다른 일 없이 시간이 흘렀다. 아르바이트생은 경찰 공무원 준비를 한다고 일을 그만두었고 나는 서울에서 다시 부산의 매장으로 발령을 받아서 내려가게 되었다. 그렇게 시간이 흐르고 몇 번의 연락을 주고받으며 서로의 안부만을 알고 지내고 있었다. 와이프는 종로에서 경찰 공무원 학원을 다닌다고 해서 공부하다가 힘들면 밥 한번 사 준다고 했는데 그렇게 만나 밥 먹고 차 마시고 서로에게 호감을 느끼게 되었다. 와이프는 고등학교 여학생이 총각 교생 선생님에게 가지는 호감 비슷한 것을 나에게 느낀 것 같고 나는 와이프가 예쁘고 착해서 호감을 가졌다.

다니던 회사를 그만두고 세계 여행을 다니면서도 틈틈이 연락을 하고 지내고 있었다. 여행을 하다가 남미에서 모교의 교수님을 우연히 만나게 되었다. 그 교수님은 당시 중학생이던 아들과 같이 여행을 하고 있었다. 같은 학교의 선생과 제자가 먼 이국의 땅에서 우연히 만나 반가웠는지 우리 일행과 일주일 정도 일정을 맞추어 아르헨티나 여행을 같이 했다. 그러면서 같이 이런저런 이야기를 하다가 본인의 결혼관에 대하여 이야기를 해 주었는데 그 결혼관이라는 것이 나에게 와이프와의 결혼을 결심하게 만든 중요한 이야기였다. 그분의 지론은 신붓감이라고 하면 무엇보다도 그 사람의 '선함'이 가장 중요하다는 것이었다.

와이프와 같이 20년 가까이 살다 보니 느낀 것은 외형적인 부분이나 성격적인 부분은 다 가족이라는 이름으로 수렴되어 처음의 모습이나 느낌이 다 사라진다는 것이다. 하지만 그 사람이 가지고 있는 선함이라는 것은 웬만해서는 달라지거나 바뀌지 않는다. 그래서 평생을 같이 살 신부를 고르는 기준은 그 사람의 '선함(아마도 교수님은 인성이라는 말로 표현하고 싶었지만 좀 더 리얼하게 다가오는 어감의 단어로 표현한 듯하다.)'이 무엇보다도 중요하다고 했다.

내가 그 교수님의 결혼관에 좀 더 마음이 동한 포인트는 그분의 당시 상황이었다. 그분은 『노는 만큼 성공한다』, 『가끔은 격하게 외로워야 한다』를 쓴 인기 방송인이자 철학 교수인 김정운 교수와 비슷한 외모와 말투를 가졌다. 파마 머리를 하고 있는 대학 교수였고 '중2병'에 걸려도 한창 걸렸을 중학생 아들을 데리고 장기간 남미를 여행하는 모습이 멋져 보였다. 나의 미래 모습이 저랬으면 좋겠다고 생각했다. 그런 그의 입에서 나오는 결혼관이라면 묻고 따질 것도 없이 믿어야 하는 것 아니겠는가.

그런 마음을 가지고 여행에서 돌아와 1년 만에 와이프와 결혼까지 골인하게 되었다. 그때는 몰랐다. 결혼이 이 모든 수행과 고행의 시작이라는 것을….

내가 지금까지 봐 왔던 강물이 그저 편하게 저절로 알아서 잘 흘러가는 것이 아니라 그 강물이 수많은 부부의 땀과 눈물이라는 것도 결혼 12년이 되어 가니 어렴풋이 알게 되었다.

남자와 여자라는 너무나도 다른 존재에 대해 알아 가는 건 지금껏 수없이 스쳐 지나가던 연애와는 그 수준이나 난이도가 아예 다른 일이었다. 남녀가 부부의 인연을 맺고 한집에서 같이 사는 일은 어쩌면 이 사회가 유지되기 위해 적합한 일일지는 모르지만 그게 꼭 올바른 일일까 하는 의문이 결혼 생활 중간중간 불현듯 떠올랐다. 그만큼 결혼 생활이 주는 양극을 오가는 감정들이 남녀 모두에게 쉽지 않은 일이었다. 아이를 낳아 기르면서 2년 정도 우리부부가 쌓아 올린 모래성이 와르르 무너지는 경험도 했다. 두 사람 사이에서 일어날 수 있는 경우의 수에 대하여는 어느 정도 파악이 되었고 정답은 아니지만 완벽한 오답을 피할 수 있는 수준까지는 이르렀다고 생각했었다.

하지만 가족이 세 사람이 되고 나니 발생할 수 있는 경우의 수는 그 세제곱만큼 다양해졌다. 결혼을 하고 아이를 낳고 기르는 몇 년의 시간이 지나고 나니 거리를 둘러보면 흔하고 흔해 빠진 부모라는 사람들이 얼마나 대단한지를 느끼는 순간이 온다. 남들 눈에 보통으로 보이는 일련의 과정이 사실은 그 안에 수많은 고민과 노력과 좌절을 통해 이룩해 낸 값진 것임이 보이는 순간 말이다.

그럼에도 부부 관계가 가장 중요하다. 가화만사성이라는 말이 있지 않나. 가정에서의 부부 관계에 그들이 사회에서 만들어 내는 것들이 달려 있다. 부부 관계가 좋지 못할 때는 회사에 나가서 일도 잘 안 되고 계속 찜찜한 것이 가슴속에 꽉 막혀 있는 느낌으로 생활할 수밖에 없다. 또 부부 관계가 아이에게도 가장 직접적으로 영향을 끼친다. 열 살인 아이는 벌써 우리 부부 사이의 미묘한 상황에 대하여 가장 빠르게 눈치를 챈다. 무엇 때문에 부모의 표정이 좋지 않은지, 그것을 해소하기 위해 본인이 어떤 태도를 취해야 하는지 벌써 눈치 백 단이 되어 있다. 이렇게 가정에서 부부의 관계가 그 주변에 막대한 영향을 주고 있는 것은 피할 수 없는 사실이다. 그래서 내가 잘 살고 있다는 평가 지표로 내 몸의 컨디션, 그다음 우선순위로 부부 관계의 건강함을 두고 있다. 건강한 부부 관계 없이 건강한 가족은 없기 때문이다.

마흔의 팁! 부부 관계를 개선하는 3가지

1) 스킨십, 육체가 정신을 지배한다.

이 말은 부부 사이의 스킨십에서도 적용된다. 사랑하기 때문에 스킨십을 할 때도 있지만 스킨십을 하면 사랑이 느껴지는 순간도 온다. 배우자가 미울 때는 눈 딱 감고 안아 주고 뽀뽀해 주자. 습관처럼 스킨십을 하자.

2) 서로의 취향 존중

결혼 전 짧은 연애 기간은 서로가 얼마나 같은지를 찾아 가는 과정이라고 하면, 결혼 이후 길고 긴 결혼 기간은 서로가 얼마나 다른지를 찾아가는 과정이다. 서로가 얼마나 다를 수 있고 얼마나 그것이 불편할 수 있는지 그러니 서로 다름을 인정하고 존중하자. 다른 게 당연한 것임을 인정하자.

3) 부부 사이에도 적당한 거리감이 필요하다.

부부가 가장 사이가 좋을 때는 서로가 각자의 일로 바쁠 때이다. 부부가 가장 사이가 안 좋을 때는 서로가 같이 집에 붙어 있을 때다. 서로의 공간에 대한 적당한 거리감 그리고 그것에 대한 애정의 '밀당'을 해야 한다. 멀지만 가까운 거리에 대한 서로의 타협점을 찾아가는 과정이 필요하다.

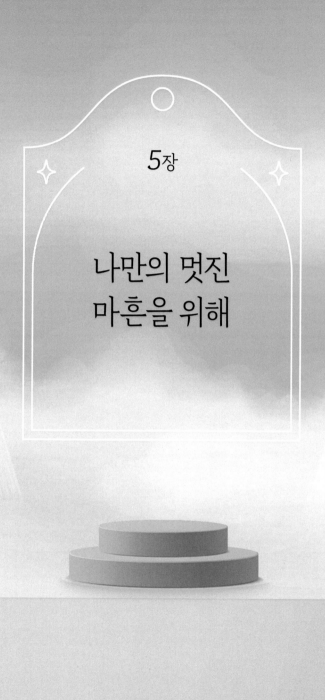

5장

나만의 멋진
마흔을 위해

❶ 살아 보니 이제야 보이는 것들

사십 년 남짓을 살았다. 매년 행정안전부가 발표하는 주민 등록 연령별 인구 통계를 참고하면 2021년 우리나라의 평균 연령은 43.4세라고 한다. 어찌 보면 내 나이가 평균 연령인 것이다.

이 평균 연령은 해마다 조금씩 늘고 있다. 10년 전보다 6세가량 늘었다. 40대 이하 인구는 큰 폭으로 감소하고 있고 60대 이상 인구는 가파르게 상승하고 있다고 한다. 이 추세면 10년 뒤에는 평균 연령이 50세를 넘어설 수도 있다고 한다.

내가 어린 시절에는 마흔이 넘으면 인생의 중년이고 외형상으로도 완연한 아저씨, 아줌마라고 생각했다. 막상 마흔이 넘어 보니 외형도 예전에 내가 상상했던 마흔의 사람들보다 젊어 보인다. 미용과 건강 산업의 발달로 이제 마흔을 외형상으로도 청춘이라고 칭할 수도 있게 되었다. 외모를 번외로 치더라도 마음만은 정말 아직도 청춘이다. 여전히 서투르고 이 나이를 먹었지만 아직도 쑥쑥 자라고 있다.

어린 시절 마흔의 중년을 보면서 느꼈던 중후함이라든지 인생을 바라보는 통찰력 같은 것들이 나에게는 아직 없다. 주위를 둘러보면 나만 그런 것 같지는 않다. 내 또래의 친구들도 그런 것들이 별로 보이지 않는다. 지금 생각해 보면 내가 어린 시절 마흔의 중년들도 아마 나와 비슷했을 것이다. 외형은 지금보다 좀 더 나이 들어 보일 수 있지만 속은 똑같았을 것이다. 마흔이라는 나이에 걸맞지 않게 흔들리고 두렵고 미숙했을 것이다. 안 그런 척, 다 아는 척 그렇게 보이려고 노력만 했을 것이다. 마흔이 되어 보니 내 자신이 그런 척을 하고 있다. 두렵고 속상해도 안 그런 척, 기분이 날아갈 것 같은 일이 있어도 무덤덤한 척, 잘 모르는 것이 있어도 잘 아는 척…. 왜 그렇게 '척척' 하는지 나를 둘러싸고 있는 것들이 점점 두꺼워지는 듯한 느낌이다. 두꺼운 껍질에 쌓여 내 진짜 자신을 가두고 있다.

얼마 전 동영상 공유 사이트를 통해 정재찬 교수의 강연을 들었다. 나이 들어 감과 나이 들어 배우는 것의 의미에 대한 통찰력 있는 강연이었다. 나이 먹는 것이 밖으로 드러나면 안 된다고 한다. 나이는 나무처럼 안으로 먹어야 한다. 즉, 내가 지금 나이 먹을수록 두꺼운 껍질을 한 겹 한 겹 밖으로 쌓는 것처럼 하면 안 된다는 것이다. 밖에서 봤을 때는 몇 살인지 알 수 없는 나무처럼 말이다. 나무는 나이를 안으로 먹는다. 자기 안에 나이테를 한 겹 한 겹 쌓으면서 나이를 먹고 있다. 나이를 겉으로 내색하지 않는다.

백 살, 이백 살 나이가 많다고 밖으로 티를 내지 않는다. 수백 년이 된 나무도 매년 울창하게 푸르른 잎사귀를 만들어 내는 것처럼 나이 들어야 한다. 매년 울창한 잎사귀를 만들기 위해서는 나이 들어서도 공부를 해야 한다. 인생을 더 풍요롭게 살기 위해서 공부가 필요한 이유이다.

또, 나이 듦은 젊음의 결여나 부족이 아니다. 젊음을 감싸 안으면서 나이 먹어 가는 것이다. 젊음을 포용하면서 나이 들어 가는 것이다. 나이를 먹어 가니 조금씩 나무가 나이 먹는 것이 어떤 것인지 이해하게 된다. 내가 한 해 한 해 나이를 먹어도 내 젊음이나 유년기가 사라지는 것이 아니라 내 안 어딘가에 차곡차곡 쌓이고 있는 것이다. 나이가 나이테로 자기의 지난날을 새기듯이 말이다. 내가 쌓아 올린 시간의 겹이 켜켜이 내 안에 존재하고 있는 것이다. 이 나이테를 새기는 행위가 바로 기록이라는 것이고 그 나이테를 가만히 돌아보는 게 나이 듦의 여유라고 할 수 있다.

나이 먹을수록 기억할 수 있는 시간들이 더 많아지는 것이다. 체력적으로는 점차 노쇠할 수 있지만 시간과 함께 익은 연륜이라는 것이 생긴다. 또 긴 세월동안 나라는 사람을 돌보고 데리고 살면서 생기는 자기 발견으로 인해 세상 사는 게 좀 더 쉬워진다. 결혼 초기 서로를 알아 가면서 싸우는 부부가 나이 들어 서로에 대한 이해를 쌓아 올리고 더 이상 크게 싸우는 일이 적어지는 것처럼 말이다. 한평생 나를 돌보며 살아가면 나에 대한 이해의 폭이나 깊이가 커지는 것만큼 세상 사는 게 쉬워질 수 있다. 젊을 때는 아등바등 내 자리를 만들고 그 자리를 지키고자 바빠서 가질 수 없었던 내가 어떤 사람인지 돌아볼 수 있는 여유가 생긴다. 그러다 보면 세상과 나는 화해할 수 있다.

그동안은 서로 아귀가 잘 안 맞는 것을 억지로 끼워 맞추면서 살았던 탓에 서로 생채기가 나고 탈이 났었는데 이제는 좀 더 유연해진 것이다. 내가 세상에 어떻게 맞춰야 하는지 알게 되고 내 자리가 어디인지를 알게 되는 것이다. 나이 들어 가면서 좀 더 유연하게 나를 세상에 맞출 수 있고 내 자리를 찾아갈 수 있다.

내 인생에서 가장 소중한 기억은 무엇일까? 영화평론가 이동진 씨를 좋아한다. 그가 추천하는 영화는 웬만해서는 다 보려고 한다. 거대한 영화 제작 시스템 안에서 자본주의적 성향을 이겨 내고 꿋꿋하게 감독 자신의 이야기를 본인의 방식으로 풀어 내는 작가주의 영화를 주로 추천하기 때문이다. 그래서 그가 추천하는 영화는 대개 재미 위주보다는 인생을 돌아볼 수 있는 영화들이 많다. 그런 코드가 나와 비슷해서이기도 하는데 그런 그가 최근에 자신의 인생 영화를 추천하였다.

수많은 영화를 보고 평을 쓰는 영화평론가로서 죽기 전에 한 편의 영화를 봐야 한다면 어떤 영화를 보겠냐는 질문에 자신이 평점으로 별 5개를 주었던 〈원더풀 라이프〉라는 영화를 추천하였다. 이동진 씨의 영화 추천도 무조건 보는 입장인데 그가 죽기 전 추천하는 단 한 편의 영화라면 어떤 영화일까?

그가 추천한 영화는 우연히도 내가 이미 보았던 영화였다. 1998년도에 개봉한 영화인데 그 해는 내가 대학 신입생이던 해이다. 나는 이 영화를 부산국제영화제에서 보았던 기억이 있다. 당시에는 느끼지 못했던 것들을 최근에 다시 보면서 새롭게 느끼게 됐다. 아, 이래서 이동진 평론가가 추천을 했구나 하는 영화였다. 그만큼 나에게도 좋았던 영화였다. 이 영화는 사람이 죽고 천국으로 가기 전 머무는 중간역 '림보'라는 공간이 주 배경이다.

그곳에서 자기 인생의 가장 소중한 기억을 하나 골라야 하고 그 추억을 짧은 영화로 재현해서 그들을 영원으로 인도하는 줄거리를 담고 있다. 영화의 엔딩 크레딧이 올라가면 영화는 관객에게 '당신의 인생에서 가장 소중한 기억은 무엇입니까?'라는 질문을 던지는데 20살에 볼 때는 그 질문을 느끼지도 못했다. 좋았는지 어땠는지 기억이 나지 않았다. 그로부터 20여 년이 지나 다시 본 영화에서는 그 질문에 대한 대답을 해야 할 것 같았다. 내 인생의 가장 소중한 기억은 무엇일까? 하나의 기억만 가지고 천국으로 갈 수 있다면 어떤 기억을 가지고 갈까? 사십여 년을 돌아보면서 나는 아마도 가족 여행의 순간이라고 말하고 싶다. 아버지가 돌아가시고 어머니를 모시고 갔던 일본 교토 여행이었는데 거대한 일본성 앞에서 가족사진을 찍었던 그 시간이 가장 기억에 남기고 싶은 순간이다. 마흔이 되니 돌아볼 인생이 어느 정도 쌓였다는 사실이 기쁘다. 그리고 내가 내 인생을 돌아볼 수 있는 프레임을 가지게 되었다는 사실이 더 기쁘기도 했다. 스무 살에는 돌아볼 인생도 없었지만 돌아볼 수 있는 시각도 없었기 때문이다.

내 인생의 가장 소중한 기억의 순간은 사실 아직 안 왔을 수도 있다. 매일매일이 원더풀 라이프를 찾아가는 프레임이라고 생각하며 살고 싶다. 내 시간을 소중히, 내 삶을 아름답게 들여다볼 수 있는 프레임을 가지고 살아가고 싶다. 내 나이 마흔이 지나서야 깨닫게 되는 것이다.

❷
적당한 어른의 무게를 유지하자

우직하게 본인이 생각한 바를 말하고 행동으로 보여 주는 사람, 한번 하기로 마음먹은 일에 대하여는 흔들리지 않고 묵묵히 걸어갈 수 있는 사람. 그런 사람이 나라면 좋으련만… 나는 그런 사람이 아니다.

'똑똑한 사람이 실패하는 이유'라는 영상을 본 기억이 있다. 자극적인 썸네일에 혹해서 보았던 영상이다. 어떤 일이든 그 일을 진행하면서 중도에 포기하게 만드는 여러 가지 유혹이 발생하고 그 유혹에 넘어가서 소정의 성과를 결국 만들어 내지 못하는 경우가 발생한다.

맞는 방법이지만 좀 더 쉬운 방법으로 해 보다가, 조금 더 해 보면 결과가 나올 수 있지만 그 결과를 기다리다가 지쳐 포기하거나, 이 방법이 맞는지 의심하다가 포기하게 되는 식이다. 이런 유혹에 쉽게 넘어가는 사람들은 아이러니하게도 똑똑한 사람들이다. 그들은 꾀를 낸다는 것이다. 쉽게 가려고 하고, 몸으로 하는 것보다는 말이나 꾀로 쉽게 얻으려고 한다. 어느 정도 일이 숙성되는 시간이 필요하고 노력이 투입되는 시기가 필요한 법인데 즉각적인 피드백이나 반응이 없으면 쉽게 포기하게 되는 사람들이 바로 똑똑한 사람인 경우가 많다는 것이다. 내가 그렇게 똑똑한 사람은 아니지만 꾀를 내는 사람은 맞는 것 같다.

남들보다 최소한 보통은 한다. 어려서부터 이런 자신감이 있었다. 눈치가 빠르고 그 눈치로 상황을 잘 파악하는 편이었다. 지구력이 좋지는 않았는지 내가 가진 체력이나 노력을 가성비 좋게 쓰고 싶다는 생각을 많이 하였다. 내가 들인 노력과 시간 대비 결과물이 초라할 것 같으면 길게 하지 못했다. 좋게 말하면 쉽게 실행하고 빠르게 상황을 판단해서 빠르게 결정하기(사업을 접기로 하는 것도 사업가가 낼 수 있는 여러 전략 중 하나라는 생각)는 잘했다. 나쁘게 말하면 치고 빠지기를 잘하고 뚝심 있게 참고 견디지 못하는 스타일인 것이다. 냄비 근성이 있다고도 할 수 있다. 쉽게 뜨거워지고 쉽게 식는 성격인 것이다.

아침에 마음먹고 계획했던 일을 하다가 점심때가 되면 의문을 가진다. 이렇게 하는 게 맞을까? 이렇게 하는 게 의미가 있을까? 이렇게 하면 힘만 쓰고 제대로 된 결과물이 안 나오는 거 아닐까?
이런 의문이 시작되면 내가 하고 있는 일에 대하여 힘이 빠진다. 배터리가 닳는 것같이 점차 스르륵 힘이 풀린다. 나는 의미를 굉장히 중요하게 생각해 어떤 일이든 의미를 부여하고 그것이 명분이 있어야 동기 부여를 받고 집중해서 완료할 수 있다. 내가 그동안 이런 성격 탓에 포기했던 것들이 많다.

어린 시절 피아노가 그랬고 검도나 태권도 등이 그랬다. 처음에는 재미있게 배우다가 어느 시점이 되면 (아마도 실력이 느는 것이 정체되는 시점일 것이다. 지루한 반복 연습의 시간, 지루한 기다림의 시간 때문이다.) 시들해지고 학원에 가기 싫어진다. 그러다가 하지 않아도 되는 이유를 열 가지 정도는 만들어서 자기 합리화를 하고 부모님 설득해서 그만두는 것이다.

학교를 졸업하고서 영어를 배우려고 종로의 학원을 다니다가 실력이 늘지 않아서 겨우겨우 몇 달을 채우고 그만두기를 여러 차례였다. 영어로 생활할 일이 나에게 있을까? 세계 어디를 가든 한국인이 많고, 앞으로 기술이 발전하면 자동 번역기도 일반인들이 사용하기 좋게 나올 텐데 내가 이 고생을 왜 해야 하나? 이런 생각으로 그만두기를 합리화했다.

무언가를 꾸준히 하는 힘이 약하다. 딴생각을 하지 않고 그것에 집중해서 결과물을 만들어 내고 그다음 단계로 넘어가는 것이 어렵다. 시작하는 힘은 좋지만 유지하는 힘이 약하다. 더 쉬운 방법을 찾다가 더 쉬운 방법인 아무것도 하지 않는 것을 선택한다. 즉, 쉽게 포기하게 된다.

지금 이 글을 쓰면서도 여러 번 샛길로 빠진다. 빠르게 떠오르는 여러 생각을 잡아 두려고 노트에 필기를 하기도 하고 그 생각이 꼬리를 물어 인터넷을 찾아보기도 하고 인터넷을 찾아보다가 어제 일어난 뉴스를 보기도 하고 그 뉴스를 보다가 주말에 먹어 보고 싶던 음식이 생각나서 맛집 검색을 하기도 하고 이렇게 여러 가지 다양한 주제와 관심으로 사방팔방 의식과 행동이 널뛰기를 하고 있다.

한 분야에서 무언가를 이룬 사람들의 생활은 참으로 간단하다. 내가 좋아하는 작가인 무라카미 하루키가 그렇다. 작가로서 굉장한 업적과 부를 이룬 그이지만 교토 외곽의 집에서 생활하는 그의 하루는 수도승의 생활과 비슷하다. 그가 쓴 『직업으로서의 소설가』라는 제목의 에세이를 보면 그의 심플하고 우직한 일상이 잘 묘사되어 있다. 새벽에 일어나 오전 중에는 대여섯 시간가량 글을 쓴다. 간단히 생선과 채소 위주로 식사를 하고 오후에는 달리기나 수영(둘 다일 때도 있다)을 하고 늦은 오후부터는 독서와 휴식을 하는 일과다. 많은 사람이 퇴근하고 본격적으로 즐기기 시작하는 밤 9시가 되면 그는 이미 잠자리에 든다고 한다. 사람들을 만나는 것을 피하고 오로지 자신의 방식대로 30년을 넘게 생활하고 있다고 한다.

어린 시절에는 이런 일상이 지루하고 따분해 보였다. 세상에 얼마나 재미있고 짜릿한 일이 많은데 저렇게 수도승처럼 살아갈까? 모든 역사가 일어나는 밤에 집에 있는 건 인생을 낭비하는 것이라고 생각했던 시절도 있었다. 건강을 위해 식습관을 조심하고 열심히 힘들게 땀 흘리는 사람을 보면 '얼마나 오래 살려고 저렇게 운동을 할까?'라고 생각했다. 땀 흘리면서 힘들게 운동할 시간에 젊은 지금 차라리 더 놀고 더 즐기자 하는 생각이 있었다.

가정을 이루고 아이를 낳고 마흔이 넘어가니 무라카미 하루키 같은 삶을 동경하게 되었다. 스위치가 꺼지는 것처럼 어느 순간 그렇게 변한 것은 아니다. 서서히 가랑비에 젖어 들듯이 변화가 왔다. 화려하고 순간적인 꽃의 아름다움보다도 그 밑을 바치고 있는 사시사철 남아있는 풀이나 뿌리 같은 것들에 관심이 가기 시작했다.

인생의 유한함을 여러 가지 사건을 통해 깨달아서인 것 같다. 또 내가 언제나 꽃을 피우는 때가 아닌 것을 알아서인 것도 같다. 시간은 흐르고 해가 뜨고 지는 것처럼 하고 싶은 대로만 하고 살 수 없다는 것도 알게 되었다. 또 내 맘대로 하지 못하는 것들이 마냥 나쁜 것이 아닌 것도 알게 되었다. 내 고집과 욕심이 결국 나에게 독이 될 수 있다는 것도 알게 되었다. 내 생각 그대로를 표현하지 않는 것이 때론 도움이 되는 것도 알게 되었다. 나는 지금 적당한 어른이 되고 있는 것이다.

➌ 지금 이 순간을 버티는 힘

호의가 계속되면 그게 권리인 줄 알아요.

-영화 〈부당거래〉 중에서

살다 보면 마음이 힘들 때가 있다. 사람들 사이에서 부대끼다 속수무책으로 무너져 내릴 때도 있고 작은 말이 가시가 되어 찔린 가슴에 상처가 나기도 한다. 내 의도와는 다르게 상대가 오해하거나 내 선의가 상대에겐 아무것도 아닌 것이 되어버릴 때, 상대를 향한 매너와 미소가 쉬운 사람이라는 인식으로 돌아올 때 마음이 힘들다. 나이를 조금씩 먹다 보니 그럴 때 자가 치유하는 방법을 터득하고 있다.

Step 1. 낙서하기

내 마음이 어떤지 크고 흰 노트에 마음이 가는 대로 낙서를 하는 거다. 내가 무엇 때문에 마음이 아프고 누구 때문에, 어떤 말들 때문에 상처를 받았는지 구체적으로 써 보는 거다. 그러면 신기하게도 객관적으로 나의 아픔이 느껴지고 구체화된다. 그러면 거기에 따른 나의 감정도 조금은 제3자의 것처럼 느껴진다. 구체적인 상처는 끄적거림으로써 이미 내 것이 아닌 물화가 된다. 적혀 있는 고통은 이제 더 이상 내 것이 아니게 된다.

Step 2. 목욕탕 가기

동네 조용한 목욕탕에 가장 한적한 시간에 간다. 조용하고 고즈넉한 목욕탕에서 천천히 시간을 들여 정성껏 나를 닦아 주는 시간을 가진다. 조금은 뜨거운 욕탕 안에서 반신욕을 하며 천천히 내 호흡만을 느낀다. 들이마시고 내쉬고 들이마시고 내쉬고…. 마음속으로 이 두 가지 말만 되새기면서 복식 호흡을 하면 어느새 머릿속이 맑아지면서 내 호흡에만 집중이 된다. 이때부터는 '모래 한 알'이라는 것을 떠올리면서 탕 안에서 명상을 한다. 모래 한 알만 생각한다. 내 존재가 지금 모래 한 알이라고 생각한다. 모래 한 알이 나를 불편하게 하고 내가 가지고자 아등바등하는 그것이 결국은 모래 한 알이라는 것을 생각한다.

Step 3. 청소하고 버리기

커다란 50리터짜리 종량제 봉투를 하나 사서 집 안 곳곳에 먼지 않은 것들을 살피고 언젠가 쓸지도 모른다고 했지만 결국 일년 동안 만져 보지도 않은 물건들을 하나씩 버리는 작업을 한다. 버리고 비우기. 내가 기거하는 공간을 비우면 이상하게도 마음도 비워지고 공간을 바라보는 눈도 정리가 되고 내가 어떤 것을 소중히 하는지에 대해 더욱 잘 알게 되고 나에게 불필요한 것이 무엇인지 더욱 잘 알게 된다. 쓰레기를 버리고 청소기를 돌리고 물걸레질을 하면 어느새 이마에는 땀이 솟고 내가 무엇 때문에 힘들었는지 누구 때문에 상처받았는지 잊게 된다. 거친 운동을 잘 하지 않는 나로서는 버리고 청소하기가 운동인 셈이다.

Step 4. 조용한 카페에서 뜨겁고 양 많은 아메리카노 커피 천천히 식혀 먹기

분위기 좋고 조용히 있을 수 있는 단골 카페 하나쯤은 누구에게나 있을 것이다. 본인만의 피난처. 그런 곳이 지금 당장 없다면 어느 동네에나 있을 법한 넓고 조용한 카페로 향한다. 대중 속에 있지만 홀로 있을 수 있는 그런 카페에서 아주 뜨겁고 양이 많은 아메리카노를 시키고 귀로는 이어폰으로 좋아하는 음악을 듣는 거다. 양 많고 뜨거운 아메리카노를 식혀 먹는 데는 최소한 30분의 시간이 필요하다. 그 시간 동안에는 오로지 음악과 목을 통해 넘어가는 쓴 커피의 향만 느낀다. 내가 발견한 명상의 또 다른 방법이다.

Step 5. 혼자 영화 보기

머릿속이 복잡하고 생각이 많아질 때는 무엇보다도 혼자 영화 보기가 효과적이다. 2시간 동안 영화 속에 푹 빠져서 완전히 다른 세계, 다른 인물, 다른 언어 속으로 빠져드는 거다. 이것도 사람 많은 시간대와 사람 많은 영화는 피해야 한다. 좌석은 맨 앞자리 가운데가 가장 적합하다. 압도적인 화면과 나 사이에 아무도 없이 오로지 화면에 집중하고 압도당할 수 있는 좌석이 가장 영화에 몰입하기 좋은 위치이다. 영화 장르는 그때그때 다르긴 한데 머리가 복잡할 때는 아주 센 영화가 좋기는 하다. 몇 년 전 머릿속이 복잡할 때 보았던 〈그래비티〉가 정말 좋았던 기억이 있다. 저 먼 우주의 밤하늘 안에 먼지처럼 작은 별이 보이고 그 안에서 우리를 바라볼 때 얼마나 오도카니, 그리고 얼마나 그 존재가 미미하고 시간은 찰나와 같이 짧은지를 생각했다. 그 안에서 안달복달하며 싸우는 것이 어떤 의미가 있는지를 생각하니 나를 둘러싼 소중한 사람들, 소중한 시간들을 헛되고 부정적인 것에 낭비하지 말아야겠다는 깨달음이 들었다.

Step 6. 혼자 여행 가기

시간이 허락한다면, 시간보다도 가족의 허락이 있다면 혼자 여행 가기만큼 복잡하고 힘든 마음을 풀 수 있는 방법이 있을까? 몇 시간을 날아서 멀리 떠나갈수록 만나게 되는 것은 결국 나 자신이다. 나라는 사람의 본질에 더욱 깊게 이해할 수 있다. 낯선 환경과 낯선 언어 앞에서 생존을 위한 몸부림을 하고 여행이 주는 피곤함과 그 안에서 맞닥뜨리는 새로운 환경과 풍광을 통해 결국 내가 떠나온 곳을 그리워하게 되는 아이러니도 맛볼 수 있다. 돌아갈 곳이 있는 떠남은 축복이고 떠남 이후의 돌아옴은 잠시 유체 이탈을 했다가 다시 자기 몸으로 돌아오는 체험 비슷한 것도 하게 해 준다. 떠나야지 비로소 보인다는 누군가의 말처럼 떠나면 비로소 내가 보일 거고 내 주변의 소중한 사람들이 보일 거고 내가 그토록 떠나고 싶었던 일상이 사실은 그렇게 최악은 아니었다는 것을 알게 될 것이다.

위의 여섯 가지 단계를 통해 나는 '마흔앓이'를 통과해 나왔다. 내 마음을 인정하기. 힘들고 어려운 이 상황이 잘못된 것이지 내가 틀린 것이 아니다. 내 마음은 항상 옳다. 내가 가장 돌보고 사랑해야 하는 사람은 그 누구도 아닌 나 자신이다.

❹ 절대 포기하지 않는 원씽(one thing)

세상은 바야흐로 복잡성의 시대이다. 기술이 발전하고 어느 한편으로는 예전보다 살기 좋아진 부분도 있지만 그런 편의를 누리며 살자면 익히고 알아야 할 것들이 많아졌다. 복잡하고 다단한 세상살이임을 실감하고 있다. 단적인 예로 은행 업무가 그렇다. 예전에는 통장과 도장만 가지고 있으면 신분증 없이도 돈을 찾고 저금할 수 있는 시대였다. 그러던 것이 개인정보보호법과 정보실명제가 도입되면서 내가 나임을 증명해야 하는 시대가 되었다. 이제는 대면 업무보다도 인터넷을 통한 은행 업무를 많이 하다 보니 작은 스마트폰 하나로 대부분의 은행 업무를 볼 수 있게 되었다.

편리한 만큼 보안을 위해 신경 써야 할 것도 많고 새롭게 익혀야 할 것도 많아지고 있다. 60이 넘은 어머니는 인터넷 뱅킹보다 은행 지점을 방문하는 게 더 편하다고 한다. 그만큼 계속해서 세상은 변하고 거기에 맞추어 우리의 생활도 변하지만 그만큼 익혀야 하는 것도 많아지는 것이다.

자신의 인생에서 가장 중요한 '원씽'을 찾아라. 복잡한 세상을 살아가자면 위에서 이야기한 대로 신경 쓸 것이 한두 가지가 아니다. 한 명이 수행해야 하는 역할도 많아지고 해야 할 일도 많다. 그렇지만 이런 복잡한 세상에서 성과를 내고 상위 클래스로 올라가는 사람을 보면 단순함의 힘을 찾은 사람들이다. 즉, 복잡다단한 세상을 단순한 한 가지의 무기로 살아가는 사람이다. 애플에게는 아이폰이, 코카콜라에겐 코카콜라 레시피가 있는 것처럼 말이다. 가장 중요한 단 하나의 가치, 단 한 명의 사람, 단 하나의 아이디어가 사람을, 세상을 변화시킬 수 있는 것이다. 복잡한 멀티태스킹의 거짓 신화에서 벗어나서 인생에서 가장 중요한 한 가지 행동을 찾아 그 일에 집중하는 것을 원씽이라고 한다. 원씽의 또 다른 효용은 원씽 한 가지를 해내면 그로 인해 나머지가 자연스럽게 잘 풀린다는 것이다. 몇 년 전부터 이어져 온 자기 계발 열풍 중 미라클 모닝이 바로 그것이다. 아침 일찍 일어나 모두가 잠든 시간에 자기만의 시간을 가지고 하루를 시작하면 그 이후의 하루 일정이 모두 틀을 잘 잡아 간다는 것이다.

거기서 파생한 것에는 스몰 루틴 등이 있다. 원씽을 하기 위해 그 시작이 되는 행동을 한다는 것인데 미라클 모닝을 예로 들면 이부자리 정리나 물 마시기가 그 좋은 예이다. 미라클 모닝을 하는 게 부담스럽다면 그 시간에 일어나 이부자리를 정리하는 등 아주 작은 행동 루틴을 만들어서 그것만 집중하는 것이다.

나에게 원씽은 하루 만 보 걷기이다. 하루에 만 보 걷기를 꾸준히 실행하고 있다. 내가 마흔 평생을 살아오면서 가장 꾸준히 하고 있는 운동이면서 가장 즐기면서 하고 있는 운동이기도 하다. 사무실에 앉아서 하는 업무가 주라서 의식적으로 걷기 위해 일어나지 않으면 하루에 5,000보도 걷기 힘든 상황이지만 하루 만 보를 채우기 위해 꾸준히 여러 가지 노력을 하고 있다. 지난 일 년간의 일 평균 걸음 수를 확인해 보니 8,600보 정도가 된다. 지난 2월과 3월에 코로나 확진으로 인해 자가 격리 때 걷지 못한 걸음 수가 평균을 많이 빼먹은 것 같다.

걷기의 의학적 의미

걷기는 전신 운동이면서 정신 운동이기도 하다. 몸을 움직이는 건 근육량 유지와 관절에 좋은 영향을 준다. 또 걸으면서 스트레스 수치가 낮아지고 우울증 완화에도 효과가 좋다. 걷기의 좋은 점은 수많은 연구와 검증 자료를 통해 쉽게 확인해 볼 수 있다. 나의 경우, 걷기에 집중하는 이유는 무엇보다도 쉽게 어디서든 할 수 있는 운동이기 때문이다. 걷기를 통해 건강을 챙기는 기본적인 활동을 하는 것이다.

건강만 하다면 무엇이든 다 할 수 있다는 생각이다. 반대로 원씽인 건강이 제대로 되지 않으면 그 외의 에브리씽이 다 의미가 없어지는 것이다. 즉, 건강을 잃으면 재산도, 명예도, 집도, 자동차도 모두 의미가 없어지는 것이다. 그렇기 때문에 나의 원씽은 걷기이다.

그 걷기를 시작하는 스위치인 스몰 루틴은 신발을 신는 것이다. 걷기 위해선 신발을 신어야 한다는 당연한 소리이지만 '나가서 얼마나 걸어야지, 어디를 걸어야지' 하는 생각은 하지 않는다. 일단 신발을 신는다는 행위에 집중한다. 그리고 신발만 신으면 집 밖으로 나갈 수 있고 집 밖으로 나가 몇 걸음을 걷다 보면 자연스럽게 십 분을 걷는 나 자신을 발견하게 된다. 걷다 보면 몸이 자기 자리를 찾아간다는 것의 의미를 몸소 느끼게 된다. 아팠던 머리가 개운해지기도 하고 뒤틀려 있던 척추 뼈가 곧게 서기도 한다. 걷기는 몸이 자기 자리를 찾아가는 것뿐 아니라 정신도 자기 자리를 찾아가는 행위이다. 걷다 보면 일상에서 복잡하게 꼬여 있던 잡념들이 풀리는 경험도 하게 된다. 잡념이란 녀석은 오랜 시간 고민함으로써 생기는데 이럴 땐 몸을 움직여 주는 것이 최고이다. 그중에 걷기가 가장 쉽고 간편한 방법이다. 걷다 보면 몸도 생각도 자기 자리를 찾아간다.

매년 봄이면 한 해를 같이 보낼 새 신을 산다. 가볍고 신기 편한 운동화를 고른다. 일 년 동안 같이 걸을 동반자이기 때문에 너무 저렴하지 않은 것으로 나를 위한 선물을 한다. 마음에 드는 운동화를 보면 몇 달간은 신발을 신는 행위가 신나는 스몰 루틴으로 변한다. 새 신발을 신으면 걸음도 가볍다. 운동은 '장비빨'이라고 하는데 그 말에 적극 동의한다.

걷기를 예찬하는 수많은 인플루언서와 유명인이 있고 걷기에 대한 수많은 책이 나와 있다. 그중에서 내가 가장 좋아하는 말은 배우 하정우가 쓴 책 『걷는 사람, 하정우』의 한 구절이다.

아, 모르겠다. 일단 걷고 돌아와서 마저 고민하자.

이 말만큼 걷기의 효용성을 직관적으로 표현하는 말이 있을까 한다. 뭔가 기분이 석연치 않을 때, 마음이 불편할 때, 몸이 찌뿌둥할 때 다 필요 없고 지금 일단 좀 걷자.

❺ 나 브랜딩

마흔 넘게 살아 보니 내가 어떤 사람인지 조금씩 감이 잡힌다. 내가 어떨 때 편안하고 어떤 상황에서 불편한지, 어떤 종류의 사람들과 있을 때 좀 더 나다워지는지 같은 것들을 알아 가고 있다. 젊을 때는 이것저것 다양한 경험을 하고 다양한 사람을 두서없이 만나기도 했다. 돈은 부족했지만 시간은 넘쳐흐르는 기분이었다. 시간으로 돈을 사는 것도 서슴지 않았다. 내 노동력과 시간을 값싸게 팔고 최저 시급에도 못 미치는 돈을 받기도 했다. 작은 돈을 아끼기 위해 시간을 허비하기도 했다. 그래서 그때의 시간 낭비와 노동력을 허비한 것이 후회되느냐고 누군가 물어본다면 그렇지만은 않다고 말하고 싶다. 낭비할 시간이 있었다는 것도 내 인생의 과정이라고 생각한다. 그런 비효율과 낭비를 경험하고 나서야 내 시간의 소중함을 이제야 알게 되는 것 같다. 그 안에 빠져 허우적거리면서 살 때는 몰랐다. 누군가 나에게 지혜의 말을 해 주었지만 한 귀로 듣고 한 귀로 흘려 버렸다. 그 시간을 통과하고 나서야 비로소 그런 시간이 있었구나 기억하게 되었다.

나라는 사람에 대하여 정체성을 파악해 가면서 브랜딩이라는 것과 자연스레 연결되는 것을 느낀다. 지금은 바야흐로 브랜딩 전성 시대이다. 기업이나 상품, 서비스에 대한 브랜딩뿐 아니라 개인에 대한 브랜딩도 생존을 위해 필요해지고 있다. 하나의 직업과 하나의 기업에서 평생의 밥벌이가 가능했던 시대가 저물었다. 여러 개의 직업을 가지고 있어야 하고 기업에 서 평생을 소속되어 살아가지 못할 만큼 평균 수명도 길어졌다. 정년이 보장된다고 해도 정년 이후의 긴 시간동안 나라는 사람의 가치를 계속 시장에서 팔 수 있는 시대가 되어야 한다. 그래서 개인 브랜딩이라는 것의 중요성이 계속 부각되고 있는 것이다. 브랜딩이라는 것이 거창할 필요는 없다. 나라는 사람을 떠올릴 때 생각나는 나의 특징이나 가치 같은 것이 뚜렷하면 브랜딩으로 연결될 수 있다. 기업에서 주로 사용하는 브랜딩의 정의는 아래와 같다.

소비자로 하여금 그 브랜드의 가치를 인지하게 해 브랜드의 충성도와 신뢰를 유지하는 과정

이것을 개인 브랜딩으로 응용해서 생각해 보면 '개인 브랜딩이란 사람들로 하여금 그 사람의 가치를 인지하게 해 개인에 대한 호감과 신뢰를 유지하게 하는 과정을 말한다.'라고 바꿔 말할 수 있다. 다시 말해, 나라는 사람을 떠올릴 때 사람들이 주로 드는

생각과 감정을 정의할 수 있는 단어를 꾸준히 발전시켜 그것으로 시장 가치를 획득하는 것을 개인 브랜딩이라고 할 수 있다. 개인 브랜딩이 잘 형성된 수많은 사람이 있다. 그중에서 김미경 강사를 예로 들 수 있다. 피아노 학원을 운영하던 선생님에서 꿈과 연애, 직장 생활에서 생기는 문제를 이야기로 풀어 나가면서 스타 강사가 된 인물이다. 지금은 주로 동영상 공유 사이트에서 활동하면서 온라인 강의 컨텐츠 사업을 하고 있다. 대표 저서인『언니의 독설』시리즈로 성인 여성들에게 많은 지지를 받게 되었다. 그녀가 자신의 이름을 걸고 그 이름의 브랜딩을 어떻게 해 왔는지 쉽게 보기 위해서는 그녀의 저서 제목들을 살펴보자.

여성과 꿈이라는 키워드에서 시작된 저서(2000년대 초반)에서 스피치, 건배사, 독설(2010년 전후)로 발전하였다. 그 이후 리부트, 세븐 테크(2020년 시작) 등의 키워드로 저서 활동을 해 왔다.

여성의 꿈에 대하여 말하는 강사에서 스피치로 전문 분야를 확장하고 지금은 코로나 이후의 시대 흐름을 읽고 그것을 쉽게 말로 풀어 주는 강사가 된 것이다. 꾸준히 본인의 전문 분야를 그 다음 분야로 확장하면서 전문성을 획득하였다. 자신의 강점인 스피치로 개인 브랜딩을 강화하고, 세상에 없던 '김미경'이라는 브랜딩을 만들었다. 그녀가 자주 쓰는 방식으로 그녀를 표현하자면 '사람들의 머릿속에서 김미경은 내 문제를 잘 이해하는 언니에서 말 잘하는 언니로 변화했고 그 이후에는 미래를 제시하는 언니'로 변화해 온 것이다.

캐릭터에서 개인 브랜딩으로 나를 만들어 가기

나를 떠올릴 때 내 주변의 사람들은 어떤 이미지를 떠올릴까? 내가 지금까지 나라는 개인 브랜딩을 꾸준히 일관되게 해 오지 않아서 딱 떠오르는 것이 없을 수도 있다. 또 브랜딩이라는 것이 시장 가치를 만들어 낼 때 비로소 브랜딩이라는 명칭을 얻을 수 있는데 아직까지 나는 브랜딩이라는 것보다는 특정 캐릭터로서 나를 구성해 왔던 것 같다.

예전에 글쓰기 모임을 할 때 '나의 묘비명'이라는 주제로 글을 썼었다. 그때의 글에서 내가 지향하는 캐릭터에 대하여 알 수 있는데 그 한 부분을 보면 아래와 같다.

내 묘비명은 '20살 소년처럼 평생을 신나게 살다 간 이, 여기 잠들다'로 하고 싶다.

(…) 신나게 살고 싶다. 매일매일이 처음인 것처럼 호기심 가득한 소년처럼 살고 싶다. 딸아이가 커 가면서 느끼는 그런 감정들을 나도 잊지 않고 느끼고 살고 싶다. 길에서 사 먹는 붕어빵 하나에도 호기심과 즐거움이 가득 고인 8살 우리 딸처럼 말이다.

나의 이런 캐릭터 지향성 때문에 아직도 나는 새롭게 배우는 것을 즐거운 마음으로 한다. 배우는 것은 아직 살아갈 날이 남아 있다는 것이고 배움을 멈추는 순간 육체는 살아 있어도 정신은

죽는다고 생각한다. 이런 나의 캐릭터를 브랜딩화하는 작업을 최근 들어 하고 있다. 바로 그 일환으로 책 쓰기를 하고 있는 것이고 나의 전문 지식과 기술을 더욱 발전시켜 나가고 있다. 발전시켜 나가는 것의 제일은 아웃풋을 만드는 것이다. 지식에 대한 글을 쓰고 영상을 만드는 것이 바로 그런 것들이다. 개인 브랜딩을 만들기 위해 해야 하는 것은 먼저 브랜드 자체를 만드는 것이다. 나를 드러낼 수 있는 지식이나 기술을 특정하고 그것을 채워 나가는 작업이 우선 필요하다. 그리고 그것을 가장 잘 표현할 수 있고 전달할 수 있는 매체를 통해 드러내는 것이 필요하다. 이런 개인 브랜딩 작업을 해 나가면서 느끼는 것은 다름 아닌 '나다움'이라는 것이다. 나에게 맞는 전문 지식과 기술이 있을 것이고 그것을 가장 나다울 수 있는 방법으로 만드는 것이 중요하다. 글로 쓰는 것도 방법이고 사람들 앞에서 말로 전달하는 것도 방법이다. 영상으로 만들어 온라인으로 전송할 수도 있다. 이런 여러 가지 방법 가운데 가장 나다울 수 있는 방법을 찾는 것 또한 브랜딩의 한 부분이다. 브랜드나 컨텐츠 안에 나 자신이 없다면 진심이 담길 수 없다. 진심이 담기지 않은 것은 금방 탄로가 난다. 그리고 나답지 않은 작업물은 지속하기 어렵다. 나를 채우고 나를 잃지 않는 작업이 바로 브랜딩을 해 나가는 것의 첫걸음이다. 결국은 자기 발견이 필요한 이유이다.

6

내 인생의 포트폴리오

대학에 경영학부로 입학하였다. 경영학부에서 배우는 과목 중에 경영 전략 과목이 있었다. 그때 배웠던 이론 중에 BCG 매트릭스가 있다. 보스턴컨설팅그룹에서 개발한 사업 포트폴리오 분석 차트로, 시장 성장률과 상대적 시장 점유율로 구분한 매트릭스로 제품(사업)의 네 단계에 대하여 구별한 차트이다. (아래 그림 참고)

도입기의 Question Mark(신규 사업)에서 Star(성장 사업)가 될 수도 있고 Dog(사양 사업)가 될 수도 있다. 판가름 나는 부분은 성장률과 시장 점유율이다. 성장성이 있고 시장 점유도 높다면 Star(성장 사업)가 될 수 있는 것이고 성장성이 낮고 시장 점유율도 낮다면 Dog(사양 사업)가 되는 것이다. 성장성은 낮으나 시장 점유율이 높은 사업은 Cash Cow(수익 주종 사업)이 되는 것이다.

신세계라는 대표 유통 기업을 예로 들면 백화점을 수익 주종 사업으로 선정하고 성장 사업으로 대형 쇼핑몰과 해외 명품 유통(신세계인터네셔널)을 두고 있다. 면세점 사업부는 신규 사업에서 사양 사업으로 전환될 위기가 있다고 한다. 시코르라는 화장품 편집숍을 신규 사업으로 구성하고 있다.

기업은 Cash Cow에서 나오는 자금을 Star에 투입해 성장시키고 Dog에서는 서서히 발을 빼고 투자금을 회수해야 한다. Question Mark에서 현금을 투자하거나 일찍부터 발을 뺄 수도 있다.

오래된 경영 전략 이론이기도 하고 매출을 지나치게 강조해서 질적 측면을 간과한다는 지적이 있기는 하다. 하지만 이 시대를 살아가는 개인에게는 시사하는 점이 있어 내가 내 인생의 포트폴리오를 작성할 때 참고한 부분에 대하여 이야기를 해 보려고 한다.

개인에게 캐시 카우는 아마도 본업일 것이다. 지금 하고 있는 직업이나 사업에서 계속적인 현금 흐름을 만들어서 가정 경제를 유지하고 새로운 부가 가치 창출의 종잣돈으로 활용할 수 있다. 나에게는 회사를 통해 받는 월급이 그러하다. 월급을 가지고 생활비로 쓰고 저축하여 노후 자금이나 새로운 것을 도모할 때 종잣돈으로 활용한다.

다음으로 퀘스천 마크는 개인들이 관심이 있고 새롭게 배워 보는 분야를 뜻한다. 나에게는 책 집필과 인테리어 두 가지가 여기에 해당한다. 책 쓰기와 인테리어를 통해 새로운 기회를 발견할 수 있다고 기대하고 있다. 즉, 책 쓰기와 인테리어라는 신규 사업을 성장 사업으로 키우는 것을 기대해 보고 있다. 성장 사업이 될지 사양 사업이 될지는 나의 역량에 따라 좌우될 수 있다고 보고 있다. 인테리어는 시장의 규모는 계속 성장 중에 있어서 스타(성장 사업)으로 갈 확률이 높아 보인다. 책 집필은 책 읽기가 점점 어려워지는 미디어 중심 사회로 변하면서 도그(사양 사업)가 될 확률은 있지만 이 책 집필은 전문가로서 브랜딩하기 위한 다른 측면으로 활용할 계획이다. 또 책 집필은 사실 경제적인 이득만을 위한 일이라기보다는 내 개인적인 성향의 이슈가 있기도 하다. 책이라는 물성이 지닌 아날로그적인 감성을 좋아하기 때문이다. 또 책 집필의 과정이 나에게 생각과 감정의 정리라는 다른 차원의 긍정적인 이점을 주기 때문이기도 하다.

이처럼 길어진 인간의 수명만큼 우리는 노후를 위해 더 준비해야 할 것들의 가짓수가 늘어나고 있다. 노후 자금만 준비해서는 지루하고 따분한 노후가 될 확률이 높다. 노후 자금뿐 아니라 그 노후를 누릴 수 있는 건강과 노후의 일에 대한 준비가 필요하다. 평소에 새로운 것들을 접하고 그 새로운 것들 중에서 나의 관심과 성격에 맞는 것들을 발굴해야 한다. 그렇게 발굴된 새로운 것들에 대하여 나의 새로운 캐시 카우로 키울 수 있는 것을 만드는 것이 노후 준비가 아닐까 생각한다.

마흔을 전후에 두고 새로운 것에 많은 도전을 했다. 연기, 책 쓰기, 새로운 운동, 댄스, 인테리어, 제도, 문화 기획 등등을 경험하고 있다. 그중 몇 가지는 나와 맞지 않거나 새로운 수익원 창출이 어렵다고 판단되어 그만둔 것도 있다. 또 몇 가지는 계속해 볼 만하다고 생각되어 계속하고 있는 것도 있다. 책 쓰기와 인테리어가 바로 그것이다. 이 두 가지가 아마 5~10년 이후의 캐시 카우가 될 수 있지 않을까? 기업이 생존하기 위해 계속 새로운 것을 받아들이고 도전하고 키우는 것처럼 한 개인도 그런 것들을 통해 좀 더 풍요로운 삶을 살 수 있지 않을까? 그렇기 때문에 시간을 내어 가만히 앉아 위의 차트를 그리고 그 안에 나의 지금과 미래를 책임져 줄 것들을 적어 볼 필요가 있다.

❼

이제 아름다운
나만의 인생을 살아갑니다

　내게 앞으로 남은 시간은 얼마나 될까? 나이 들어도 아름답고 싶다. 품위를 잃지 않고 남들에게 아쉬운 소리하지 않을 만큼 경제적으로도 안정되고 싶다. 남들과 비교하지 않고 나만의 인생을 살아가고 싶기도 하지만 속으로는 이런 생각도 한다. '남들과 비교해도 뒤지지 않는 삶을 살고 싶다.' 세상을 살아가면서 남을 전혀 의식하지 않고 살 수는 없다. '나는 자연인이다.'라고 생각하고 산에 들어가지 않는 이상 나이 들어서도 사람들 사이에서 살아갈 것이다. 내가 봐도 멋있고 남이 봐도 멋있는 인생을 사는 것이 내가 그렇듯 모든 사람의 속내가 아닐까 한다. 아름답게 늙어 간다는 것이 바로 그런 것이 아닐까? 내 눈에도 예쁘고 남의 눈에도 예쁜 것.

　그러기 위해서는 경제적으로 준비되어 있고 건강이 있고 일이 있어야 한다. 이 세 가지를 위해 지금 이렇게 안달복달하고 있는 것 같다. 지금 안달복달하면서도 지금의 시간도 소중하게 보내고 싶다. 주말에도 자기 계발을 위해 학원을 다니고 건강을 위해 일찍 일어나 달리기를 하기도 하고 지금의 주어진 시간을 알차게 쓰기 위해 백방으로 노력하고 있다. 그러면서도 내 자신을 너무 혹사시키거나 미래를 위해 현재를 포기하기도 싫다.

예부터 공자는 마흔이 되면 흔들림이 없다고 하여 마흔을 불혹이라고 했다. 하지만 마흔이 되어 보니 여전히 흔들린다. 2~30대보다 더 책임질 것도 많아지고 지키고 싶은 것도 많아져서인지 나의 경우는 그때보다 더욱 흔들리고 있다. 흔들리는 나를 잡기 위해 이런 책도 쓰고 있는 것이다. 욕심에서 벗어나고 자유로워져야 한다고 생각하지만 여전히 욕심에서 자유로울 수도 없다. 어느 순간 이런 나를 인정하기로 했다. 흔들리는 것도 인정하고 욕심 많은 것도 인정한다. 하루하루 나에게 주어진 시간을 알차게 쓰고 싶다.

앞으로의 나의 시간이 어떻게 채워질지 알 수 없지만 최소한 나다움은 잃지 않고 나의 주관과 감정은 인정하면서 살고 싶다. 결과는 알 수 없고 내 의지대로 할 수 없지만 그 결과로 가는 과정인 길만은 내 것으로 만들고 싶다. 그것을 위해 하루하루 배우고, 기록하고 건강을 채우는 것들로 내 시간을 구성하고 싶다. 그것이 나의 인생을 아름답게 살아가는 유일한 방법이 아닐까?

인생의 후기를 쌓아 가자

맛집 검색에 있어서 후기 확인은 필수이다. 상품을 선택할 때도 후기를 확인하지 않고 구매 버튼을 누르는 것은 '호구'임을 인증하는 것이다. 후기를 가장한 상품 광고, 맛집 광고가 많다 보니 블로그에서는 상품이나 서비스를 제공받고 쓰는 글인지 인증을 하기도 한다. 거짓으로 인증 시 저품질의 덫에 걸리기도 한다.

사십 년을 살아 보니 나만의 후기가 쌓인다. 나는 취향이라는 것이 확실한 사람이다. 좋아하는 사람 유형, 좋아하는 음식, 잘 읽는 책 종류, 좋아하는 음악 취향이 확실한 편이었다. 매일 마시는 커피에 대하여도 그렇다. 에스프레소를 좋아한다. 뜨겁고 진한 더블 샷으로 흑설탕 5그램을 넣어 반쯤 저어 마시는 것을 좋아한다. 이탈리아 사람들은 에스프레소를 한 입에 털어 넣는다고 하는데 나는 그렇게는 아니다. 2~3번 정도로 나눠 마시는 것을 좋아한다. 에스프레소를 마시고 카페인이 혈관을 따라 세포 하나하나를 깨워 주는 각성의 단계를 좋아한다. 매번 에스프레소만 고집하지는 않는다. 그날그날의 몸 상태나 상황에 맞게 다른 커피를 즐기기도 한다. 하지만 남이 골라 주는 것을 마시지는 않는다. 커피 한 잔이지만 내가 고르고 선택하는 것은 양보하지 않는다.

내가 쌓은 몇 가지 후기 가운데 좀 유별난 것들이 있는데 누군가는 편견이라고 할 수 있는 것들이다.

내가 쌓은 후기 몇 가지

보통 사람에 대한 후기는 사람마다 크게 다르지 않다. 호불호가 크게 작용하지 않는 종목이 사람에 대한 것이라고 생각하는데 내 경우에는 여기서 한 단계 더 나아간다. 사회적으로 많이 통용되는 속설을 비트는 나만의 후기가 있다.

보통 '이런 사람은 거르자.'라는 유형 중에 운전할 때 달라지는 사람은 거르자, 부정적인 말을 하는 잘하는 사람은 거르자 이런 말을 흔히 한다. 여기에 더해 나는 음악을 안 듣는 사람은 거른다. 지금까지 살아오면서 음악을 듣지 않는 사람 중에 여유가 있는 사람을 잘 보지 못했다. 음악을 좋아하는 사람치고 악한 사람을 잘 보지 못했다. 여유와 선함이라는 판단을 할 때 나는 음악을 듣는지, 어떤 음악을 좋아하는지 살핀 뒤에 판단한다. 남들이 눈치채지 못하게 나만의 바로미터를 켜 보는 것이다. 자신의 취향에 맞는 음악을 고르는 순간의 설레임, 기분과 날씨등을 고려해서 그 음악을 듣는 순간의 짜릿함을 아는 사람은 삶이 여유 있다. 음악을 좋아하고 나와 음악 취향이 비슷한 사람은 어딘지 모르게 호감이 가고 유대감이 흐른다. 주파수가 맞다는 것이 그러할 것이다.

후기를 쌓기 위해서는 자기만의 취향이라는 것이 있어야 한다. 또 그 전에 다양한 것을 경험해 봐야 한다. 다양한 것들 속에서 나와 코드가 맞는 것을 알아채는 감각이 있어야 한다. 그리고 그것이 왜 좋은지에 대한 자기 설득의 과정도 필요하다. 내가 이런 취향이 있다고 사람들 앞에서 표현할 줄도 알아야 한다. 자기 취향이 생기더라도 새로운 취향을 발견하기 위한 도전은 계속 되어야 한다. 맛집을 찾아다니는 음식평론가 같은 자세로 인생을 살고 싶다. 계속 다양한 음식을 맛보고 그것에 대한 자기만의 주관으로 후기를 쓸 수 있는 사람이 되고 싶다. 남들이 스쳐 지나갈 수 있는 동네의 작은 식당에서 남들이 못 느끼는 맛의 포인트를 찾을 수 있는 건강한 미식가가 되고 싶다. 어떤 음식도 허투루 만든 것은 없다고 생각한다. 만드는 사람의 정성과 노력이 깃들어 있다. 그곳에서 가치를 발견하고 자기만의 기준으로 좋은 것을 뽑아 낼 수 있는 감각이 살아 있는 평론가가 되고 싶다.

후기를 쌓는 것은 결국 기록이다. 내 감각에 기억시키는 것도 방법이지만 감각과 생각을 더 정확한 단어를 이용해 기록에 남기는 것만큼 후기를 정확하게 남기고 오래 기억하게 할 수 있는 것은 없다. 내 인생의 첫 번째 책인 이 책이 내 마지막이 되지 않도록 할 생각이다. 내 인생의 후기를 책이라는 매체를 통해 계속 만들어 나갈 계획이다. 나라는 사람의 포트폴리오를, 역사를, 기록을 통해 남기고 싶다.

그때는 맞고 지금은 틀리다

책을 꾸준히 출판하는 작가들을 보면 초기에 낸 책들과 후에 낸 책들의 차이가 드러난다. 생각의 차이도 있고 세상을 바라보는 관점의 차이도 생긴다. 그때는 맞고 지금은 틀린 것들 때문에 곤혹스러운 일도 종종 발생한다. 그럼에도 기록은 그 자체로 비판받지 말아야 할 것이다. 예전의 미숙한 내 생각과 감정들, 내 행동과 말들이 부끄러워질 수도 있다. 하지만 부정하려 해도 그것들이 그때의 나라는 것은 부정할 수 없다. 내가 했던 생각, 내가 만났던 사람들, 내가 갔던 장소에 대한 글들에 대하여 부정할 수 없는 것이다. 어떤 인생이든 누군가에게는 의미 있는 인생이다. 최소한 자기 자신에게는 말이다.

다가올 나의 좋아함을
기대하면서

　화려하고 빛나는 삶을 동경하던 때가 있었으나 지금은 그런 것들이 나와는 별로 맞지 않는 삶이라고 생각하고 살고 있다. 지겹도록 똑같은 하루를 보내고 있지만 그 안에서 작은 즐거움을 느끼며 살아가는 것에 더 큰 의미를 두고 있다. 대학 시절 영화 동아리의 회장을 할 때도 많은 사람 앞에서 스포트라이트를 받는 시간보다 그 뒤의 작고 어두운 골방에서 영상 따위를 편집하던 때가 더 즐거웠다. 영화제를 운영하면서 많은 관객 앞에서 보이는 일을 할 때 골방에서 시간을 보내고 있는 다른 회원들을 부러워하기도 했다. 진짜배기 즐거움이 그 뒤에 있다는 생각을 지울 수가 없었다.

　지겹게 반복되는 일상만이 이어진다면 정말 행복할까? 아닐 것이다. 반복되는 일상 안에서 작은 즐거움 즉, 내 일상을 넘어뜨리지 않을 작은 일탈들이 있기 때문에 그 아래를 받치고 있는 매일이 즐겁지 않을까? 영화 동아리 골방에서도 시답잖은 농담을 주고받을 수 있는 몇몇 친구가 있었기 때문이었고 그 안을 채우고 있는 영화가 있었다.

군 생활 중에 보급병으로 일했다. 보급병의 업무는 일반 병사와는 다르게 매일이 똑같은 일상의 반복이다. 매일 먹는 식료품 보급, 매일 쓰는 일상 용품 보급, 매일 운행되는 군용차에 넣는 기름의 보급 등이 바로 그런 일들이다. 그런 곳에서 2년여를 생활하면서 일상을 대하는 나의 태도가 만들어진 것 같다. 매일같이 이어지는 지루한 일상에서 보급 사무실의 책상 안에서 몰래 보던 소설책, 보급품을 수령하러 가는 트럭 뒷자리에서 몰래 라디오를 듣던 시간들이 당시의 나를 지켜 주었다.

나는 어쩌면 지금도 그런 작은 즐거움을 맛보고 싶어 살고 있는지 모른다.

아재는 좋아하는 것 있으면 안 되나?

마흔이 넘은 남자로서 좋아하는 것을 만들어 나가는 것이 어렵다는 것을 느끼고 있다. 좋아하는 감정을 드러내는 것이 부끄럽다. 감정을 숨기고 살도록 교육받았고 그런 것이 어른 남자의 모습이라고 보아 왔다. 그러다 보니 내가 무언가를 좋아한다는 것이 부끄럽게 여겨질 때가 많다. 그래서 관심이 생기는 것에 대하여도 좋아함의 과정까지는 가지 않도록 자기 검열을 할 때가 많다.

하지만 이제는 마음껏 관심을 펼치고 배우고 그럼으로써 좋아함을 느끼는 것들을 만들어 나가는 인생을 살려고 한다. 그 첫걸음이 바로 이 책 쓰기라는 것이었다. 책 쓰기를 통해 나에게 경제적으로 유익한 것이 있을까? 아무리 생각해 봐도 책 쓰기라는 것을 통해 경제적으로 도움이 되는 일은 없을 것 같다. 공급은 넘치지만 수요는 없는 것이 바로 지금의 출판 시장이다. 무용한 즐거움뿐인 이 작업을 반년 가까이 해 오고 있고 지금은 그 마지막 장을 써 내려가고 있다. 무용하지만 즐거운 작은 행복. 글쓰기가 나에게 그러했다. 글 좀 쓰는 작가들의 글을 읽을 때마다 의욕 상실을 느꼈다. 나는 죽었다 깨어나도 따라 할 수 없을 것 같은 그들의 글을 보면서 자꾸만 작아졌다. 내가 쓰고 있는 글이 그런 아름다움이나 감동이나 정보를 줄 수 있을까? 그렇지만 매일 아침 나를 다잡고 책상 앞에 앉았다.

나라는 사람의 진심을 담고자 했다. 나의 진짜 이야기를 담자. 그 생각으로 나를 다독이고 꾸역꾸역 글을 썼다. 고단하고 평범하지만 보통의 일상을 보내는 마흔의 이야기가 누군가에게 작은 진심으로 전해지기를 기도해 본다.

힘든 시기에 차가운 현실의 콘크리트 바닥에서 나를 받쳐 주는 작은 방석이었던 수많은 책이 그러했던 것처럼 말이다. 이제는 새로운 작은 즐거움을 찾아 밖으로 나가 볼까 한다. 그런 즐거움을 찾아 만드는 것이 나의 사명인 것처럼….